人生青紅燈

人生青紅燈

紅燈停，綠燈行，
人生交叉路口，青紅燈，要看清。

〈推薦序〉

〈作者序〉

〈推薦序〉

不卑不亢的耕耘者

陳耀謙

人間最高的情感在於「愛」，此愛發揮至極，乃稱為「大愛」。此大愛非單指男女、夫妻間之情愛，亦非親人、朋友間的關愛，而是可及於他民萬物，猶如聖賢所言「民胞物與」。此道理任誰皆知，然真正能奉行又有幾人？少矣！這是現今社會民眾普遍的認知和感受。

然而在偏遠的鄉村或天災人禍的救助現場，常看到一群身著藍天白雲者，默默行善耕耘著，只要哪裏有需求，只要能提供協助，不論深山或海邊、遠近或艱辛，他們總是第一時間攜帶大量的物資抵達。

儘管滴下的汗已浸溼全身、衣褲也染上大量塵土，仍全心全力地投入，不僅提供物質的幫助，更給予溫暖的擁抱及關懷，讓受助者感受到如同家人般的支持，有勇氣、有力量地度過難關。

這群默默耕耘者，不卑不亢，臉上總是掛著那分眞情與祥和，做事充滿堅定與毅力，一步一腳印地默默付出、不求回報，這就是「臺灣最美麗的風景」，最眞實的展現！相信無論是親身體驗或是僅眼見耳聞，無不感動至淚眼盈眶，內心激起洶湧慷慨之情。

高聳的圍牆是監所的特色，收容者包括未被判定刑期的被告和判刑確定的受刑人，但不管其身分，皆須改過遷善、重新學習，所以彼此間互稱「同學」。

臺中看守所不僅是二審收容所，更收容三審定讞等待執行死刑的極刑犯；犯罪者共通點是衝動性強、忍耐度低，常因小事引發衝突，小則物品損壞、傷害身體，大則殺人放火，事後即使再後悔，仍須受到相對的處罰。

因此在高牆內的同學，充斥著悔恨、懊惱、徬徨與無助之情，也因擔心自身官司判決及外頭家人生活，常展現著憂心、焦慮及悲觀、消極的情緒，終日惶惶，心中鬱悶無法舒展。又因獄中人多擁擠、空間有限，所以只要稍有不慎，一個小碰撞或一個眼神，便出現謾罵、鬥毆的情況。

二〇一四至二〇一五年兩年間，我由高雄地區調派至法務部矯正署臺中看守所服務，何其有幸，認識慈濟李昌美師姊帶領的服務團隊。承蒙她們的協助，從每星期的個人輔導到小班級上課，及特別節慶的大型活動，無不精心設計，動員數十位志工蒞臨。

其中引進如高肇良、蔡天勝兩位師兄，以現身說法戒毒經過，來提升吸毒同學戒毒的信心；陳阿桃、陳秀琇兩位師姊，以親身歷程來激勵同學，行孝、行善應及時的孝敬心；江俊廷醫師以本身遭受的生死關頭，帶領同學體認生命的無常，須把握當下，以感恩心圖報親人，回饋社會；紀邦杰醫師出錢出力，贈予臺中看守所「靜思語」木匾，將證嚴法師的法語精華以境教方式，在潛移默化中，期待同學時時警示自己、激勵心靈良知。豐富的課程與活動，在在顯示出服務團隊的用心及眞誠。

每次辦理大型活動，看到慈濟師兄、師姊們從事前的規畫、構思、排練，到演出當天，身著西裝或旗袍盛裝地一早前來，集合、點名後排隊進入會場，有條不紊、井然有序。演出過程溫馨、內容豐富、撼人心弦，遷過向善、及時行孝等溫暖氛圍的傳遞、營造，深深感動在場每一位同學，多數人都眼淚直落、哭紅雙眼，他們的心已融化在「大愛」溫馨的滋潤裏。

影響所及，在活動後一段時日內，甚少有違規狀況，由此可印證人非草木，是有心、有情感的，是可判斷善惡是非、是可教導向善的。

法律規範只是人的基本起點，宗教才是道德良知的最高昇華。《靜思語》錄：「人性之美莫過於誠，誠乃一切善法之源。」我在臺中看守所服務期間，蒙受李昌美、李美燕師姊帶領的慈濟團隊協助甚多，囚情得以安定、教化得以推行，特予敘述感謝，您們的恩德，當永記不忘。在此雙手合掌向您們獻上最虔誠的祝福，感恩！

（本文作者現為新店戒治所所長）

〈推薦序〉

付出有目共睹

王俊壹

第一次正式接觸慈濟是在二〇一三年十一月，調任矯正署臺中戒治所擔任輔導科長的時候。當時李昌美師姊每週四上午，都會帶領五至十位師兄、師姊至觀察勒戒班上課，分享生命故事。

每次上課前，李師姊會至輔導科，很客氣地向輔導科內勤借照相機，下課後再將檢查後的照片存隨身碟，而且每次去巡堂的時候，就會發現李師姊等人上課的觀察勒戒班特別活潑，且互動熱烈，讓我印象深刻。

當李師姊於二〇一四年四月，提出想要辦理大型的浴佛法會，我聽完活動流程與細節的說明後，立即請承辦人簽辦。藉由這次辦理浴佛法會的過程，讓我接觸證嚴法師的法，更認識慈濟人辦理活動時嚴謹、紀律、認眞及溫馨感人的一面。而且我發現收容人被感動了，心防打開了，這不就是我多年來想要的教化效果嗎？

在蒞所協助的社會團體中，這麼立即、直接的效果，我還是第一次見到。這次活動之後，我就直接邀請李師姊多多辦理大型的生命教育與懇親活動，感恩李師姊與她的團隊，都能發揮大愛精神，盡心盡力地協助我們。

二〇一五年六月，我調任臺中看守所擔任輔導科長，收容人近兩千人，短刑期居多。大部分的收容人都是進進出出，教化課程能夠幫助他們改變的實在有限，但是輔導教化是我的職責，而且我是從艱困的成長環境中走過來的人，當看到那麼多吸毒者，由年紀輕輕的到年長的都是因毒品反覆進出監所大門，心裏非常痛苦。

我一直有心規畫能讓收容人改悔向上的教化課程，但是看守所的人力、經費、設備實在有限，可以做的眞的不多。這時候，我腦子裏浮現的就是慈濟李昌美師姊及她的團隊。

我聯絡上李師姊，得知她們二〇一五年的課程已排滿了，要增加看守所課程，時間上有困難。但是當她們得知，我想引進證嚴法師的法語來改變收容人，李師姊還是克服困難，在當年的十月辦理一場大型活動——生命教育，爾後每兩個月辦理一場，直到我退休後仍然繼續舉辦。

其實全臺各矯正機關，無不戮力輔導收容人及尋求各種社會資源，以期協助受刑人。其次就是希望這些收容人離開看守所之後，在善惡拔河之間，在他茫然的時候，社會大眾願意扶他一把，將他們拉回正確的道路。

在我服務監所期間最感驕傲的事，就是藉由我的貴人——李昌美師姊，引進大愛的教法改變收容人，也讓慈濟人能夠在收容人離開看守所之後，成爲他們的貴人，讓他們走向正確的方向。我非常感恩李師姊及慈濟師兄、師姊的付出，您們的付出是有目共睹的，是值得社會大眾肯定與學習的。

（本文作者為前臺中戒治所及看守所輔導科科長）

〈推薦序〉

萬里無雲萬里天

呂玉龍

二〇一四年夏，我來到了法務部矯正署臺中戒治所，接任了輔導科長的工作。戒治所收容的對象百分之九十五是和毒品有關，因毒品相關的受刑人、受觀察勒戒人和受戒治人。

因爲長久在矯正機關工作，內心深知毒品戒除是一條漫漫長路。所謂「一日吸毒，終生戒毒」，戒癮之路何其漫長，考驗的不僅是收容人，也考驗著所有從事戒治工作的人員。反毒大計若非集社會大成，無以待其果。

我在臺中戒治所認識了慈濟教聯會的李昌美師姊，後來得知李師姊是個退休老師，心想退休的生活該是含飴弄孫，過得悠閒。可是，每個星期我總看著李師姊帶領一群師姊、師兄到臺中戒治所來，無怨無悔地爲收容人上課，且是義務性質。

幾次談話下來，師姊總說：「相信人的善根，期待播下善的種子，會有一天開花結果。」我每每深受感動，迴蕩在胸中的是「地獄不空，誓不成佛；眾生度盡，方證菩提」的菩薩願心。

藉此機會，深深感謝慈濟基金會臺中教聯會，長久以來在臺中戒治所的付出。

約莫是二〇一六年春，有一天李師姊告訴我，要送約四百本精裝且是典藏版的《靜思語》給戒治所的每位收容人，讓每個人都有機會閱讀證嚴法師的法語，期望透過閱讀改變收容人的未來。

當時心中雀躍不已，除了感謝師姊促成這樣的因緣，我更知要落實給收容人這樣的讀書機會，於是叮囑舉辦「靜思語」心得寫作比賽，後續得到許多迴響。正如我相信師姊所說：「播下善的種子，會有一天開花結果。」

值此書付梓之際，忝爲序列。誠如臺中戒治所劉玲玲所長感謝慈濟基金會臺中教聯會，十餘年來風雨無阻，讓愛飛越高牆。相信會有那麼一天——千江有水千江月，萬里無雲萬里天。

（本文作者為臺中戒治所輔導科長）

〈推薦序〉

蟬聲下的蛻變

亢福隆

七月的天空藍得發亮，層層的榕樹葉相互挨靠推擠著，綠波上搖擺的枝葉迎著藍天，蟬聲唧唧不絕於耳。儘管是炙熱的午後，蟬兒仍在樹上高昂地唱著，似乎要在短短幾週的生命中恣意地揮灑熱情，這樣的風景在看守所一隅，年復一年、日復一日上演著。

樹蔭裏、走廊裏，底下的人們來回穿梭，每個人總是低著頭忙碌地走著，會客接見、看病就診、出庭應訊，生命故事在這裏展開，每位收容人過去的滄桑與現在的無奈、未來的徬徨，總是刻畫在他們的臉上和心裏。

在看守所每日規律的作息中，每逢遇到佳節，收容人與家屬會面懇親的日子，就可以見到慈濟的師兄、師姊，穿著灰、藍色的制服，忙碌而熱忱地穿梭在懇親的會場中，全心全意地投入教育同學的活動。

「佛教是理，慈濟是事，藉事顯理，以理啓發」，慈濟教育團隊猶如一股清涼的泉水，藉由佛理與溫暖的關懷進而教化人心，低眉斂目、發心發願地在鐵窗內，耕耘著一畝畝心田。

曾經有收容人對我說：「等待在這裏是一種藝術，等待著日升月落，等待著青絲變成白髮，等待著家人的思念，刻畫在時間的牆上。」

在刑事政策已由過去的應報主義，逐漸轉變爲矯治教育的理念，期待這些迷路的人，能夠導向人生正確的道路上，也或許我們能夠用更寬大的胸襟，去接納一個曾經犯錯，而現正在付出時間代價的收容人。畢竟我們都是這社會群體中共同的成員之一，沒有人能自絕或排擠任何人於群體之外。

我常常在職場工作生涯被問到：「老師，我什麼時候可以回家？」這是每一位在監服刑的收容人最想問的問題，卻也是最難解的習題。而在這社會上穩定投入的志工們，就猶如一盞盞溫暖的路燈，照亮也鼓舞著失路的人們，回返甜蜜平安的家園；心若沒有迷途，那麼回家的路就在不遠處。

蟬聲又起，推開窗扉心中忖思，「蟬」對於中國人來說，有一種蟄伏而重生的意義。每一年的蟬，其實是在幾年前的夏天產卵於樹幹中，或藏身於陰暗的泥土之中，躲避與忍受豔陽高照與暴雨的侵襲，就像是在地底下埋藏了一個時空膠囊，靜靜地等待破土日子的到來。我們衷心期待著，每當季節來臨，他們能如約期地攀上枝幹，獲得重生……

（本文作者為臺中看守所輔導科科長）

〈推薦序〉

勤耕福田不厭倦

李昌美

感恩證嚴上人創造慈濟世界，讓我們這一群老師退而不休，還能在教育崗位上揮灑人生的彩筆，更感恩所方長官的肯定與支持，師兄、師姊和老師們的共知、共識和共行，一起合和互協推動「靜思法語入高牆，翻轉人生締善緣」。

我每天都在感恩中，感恩退休後，還能將師父的智慧法語帶入高牆內，與受教化的同學分享，將愛與善的種子撒播在他們的心田，讓他們在人生的轉折點，或善惡拔河之際有個依止處，不再迷惘，時時警惕自己，「是日已過，命亦隨滅」，把握當下，日日存好心，做好事，才不會枉費人生。

回憶一九九九年退休時，剛好遇到九二一大地震，我跟著慈濟志工一起投入賑災，初體驗「付出無所求」的法喜。接著，在援建學校推動「靜思語」教學，看到孩子們本來忐忑不安的心，由惶恐漸而展歡顏，內心的喜悅非筆墨所能形容。

翌年，我和先生移民紐西蘭，身處人間天堂，心靈卻空虛無所住，就到奧克蘭慈濟會所，自我推薦推動「靜思語」教學，幾個月下來，孩子的行爲改變了，他們在學校恪守校規，有禮貌、合群，不再是一群令老師頭疼的孩子。

「靜思語」教學受到老師與家長的肯定，漢彌頓的慈濟志工葉志忠耳聞「靜思語」教學成效良好，請我也到漢彌頓會所分享，我當然義不容辭，把握因緣結善緣。

想當初自己只是想做個拋磚引玉的教學者，兩年後，眼看兩地中文學校已落實「靜思語」教學，我非常放心。二〇〇二年五月，海外慈濟人回臺受證，我毅然決然放棄即將到手的紐西蘭護照，回臺接受上人授證慈濟委員，法號慈佼。同年八月，在臺中市太平共修處成立親子成長班，推動「靜思語」教學，以接引更多社區會眾一起來認識慈濟。

感恩一路上有師兄、師姊和老師們的陪伴和護持，讓我在慈濟菩薩道上，由「會跟，會耕，再成長慧根」。

後來，上人呼籲慈濟志工落實社區，爲鄰里鄉親在地服務，我也跟著回歸社區。因爲是退休教師，不忘教學的狂熱，繼續走入五權國中、雙十國中、太平國小、太平國中，推動「靜思語」入校園。藉著說故事、帶活動，讓在校老師、學生了解上人簡單有智慧的法語，引起廣大迴響與校方的肯定，讓我們這群七老八十的老頑童，勤耕福田不厭倦。

二〇〇八年，在吳福樹老師的接引下，我們走入戒治所。剛入所裏，看到同學們身上的刺青、迷茫的眼神、不屑的態度，著實不捨。誰人無過？這些社會的邊緣人，更需要愛與關懷。

以過去推動「靜思語」入校園的經驗，我相信眾生皆有佛性，都需要平等的愛。我在想，「我們要以菩薩心在這片荒蕪的心田，撒播善與愛的種子，相信一入耳根永爲道種，因緣成熟時，這些種子將會萌芽、成長。」

我們以誠正信實的行儀，凝聚眾人的善念，至誠無私、不間斷地關懷，共同營造溫馨感人的氛圍。再加上生動活潑的互動教學，讓高牆內的同學們感受到每堂課都是一場發人深省的心靈饗宴，啓發他們的善心善念，進而大徹大悟，接受佛法的滋潤，翻轉人生，出離苦海。

幾年下來，看到更生人翻轉成功的例子，黑道大哥放下持刀槍的手，改拿毛筆書寫蠅頭小字的吳鴻文，是母親口中讚歎不已的孝順孩子，他已經找到生存的方式，以生命影響生命，傳達善與愛的力量。還有不畏寒冬酷暑，開著環保車，爲地球盡心盡力的小吳，已經是家庭最大的精神支柱。

小吳說：「愛惜大地，參與資源回收做環保，是我鼓起勇氣，跨出重生第一步，相信後面就會很順心。」凡此種種，都是受到「靜思語」影響的最佳明證。

感恩一路走來，在陳耀謙所長、劉玲玲所長，王俊壹、呂玉龍、亢福隆三位輔導科長大力支持下，讓我們將靜思妙法帶入高牆，讓高牆內的同學能親近佛法。

陳耀謙所長及劉玲玲所長，慈悲寬厚的胸懷，一言一行讓人如沐春風。王俊壹、呂玉龍、亢福隆三位輔導科長，細心體察受刑人身、心、靈的不安與悔恨，努力安撫與教化，竭盡心力，秉持著「地獄不空，誓不成佛」的理念，運用智慧，投下滴滴滋養慧命的法水，期待同學早日迷途知返，回歸正常生活的用心與付出，無不令人讚歎！

感恩此間參與課程，分享令人動容生命樂章的人間菩薩，感恩李美燕師姊、楊淑英老師多年來的陪伴與策畫，及一群默默付出的慈濟志工和退而不休的老師們，不畏寒風刺骨，烈陽高照，爲身陷囹圄的同學們付出愛與關懷。

點點滴滴剎那間湧上心頭，原來彼此的陪伴是如此的眞誠，這也是支持我們繼續走入高牆的原動力。因爲有大家的參與，共同成就淨化人心、祥和社會、天下無災難，在此致上無限的感恩與祝福！

更期盼大家繼續來勤耕這塊大福田，激盪出更多的正能量，除了能滋潤高牆內同學乾涸的心田外，也爲自己的生命演奏一曲嶄新的樂章！

〈作者序〉

青暝牛不怕槍

張麗雲

六〇、七〇年代，正值我求學時期，國中生學習的目的，就是考上好高中，學校將學生分成好班和壞班，還有人特別將壞班說成「放牛班」，似乎師長也不避諱此名詞。

我和其他人一樣，認爲這些「壞班」的同學，像一隻隻刺蝟，臉上有著妖魔鬼怪的異相，避之猶恐不及。

這樣的觀念，隨著長大出社會，到成爲人家的父母、老師或所謂的「好人」，教育子女仍舊以這樣的方式傳承下去。後來參加慈濟，做過訪視，看過很多不一樣的家庭和孩子，因爲環境或不得已的苦衷，走上偏差的人生路，這才顚覆以前想法，慢慢改掉不對的觀念。

記得二〇一六年，採訪團隊進到看守所，王俊壹科長帶著幾位同學進到教室讓我們採訪。如今想來實在汗顏，當時心中琢磨著，「他們會是什麼模樣呢？」眼睛一直偷偷盯著同學身上看。

「不會啊，他們與一般人沒什麼兩樣啊！年輕的眉清目秀，年長的，臉龐添了幾許歲月風霜，多了些皺紋，如此而已！」也許是易境而改變，每位同學的面相都趨於平和、安定，侃侃而談自己的心路歷程。

我採訪的對象是王俊壹科長，同時也聽到陳耀謙所長對李昌美老師團隊的讚歎。陳所長比喻，看到昌美老師就想到母親臨終前的交代：「這一輩子最大的希望，就是希望你能夠追隨上人的腳步！」而王俊壹科長對同學的愛，就像他們的大哥哥一樣，恨鐵不成鋼！

單單這樣簡單的了解，讓我覺得能寫出他們細膩的心境，一定會感動很多人。

原本以爲將訪問的內容整理出來就完成了，後來接到任務，要將所有採訪內容串連成一本專書。

身爲「人文眞善美志工」的我們，平日只是記錄社區活動、簡單的人物撰寫，要成爲「寫書人」，不知能力是否可及？但我是「青瞑牛不怕槍」，仗著學習的心態，就這麼開始動筆了。

開始動筆後，愈寫愈覺得素材不夠，重新擬出要採訪的對象，遠途的，一一電訪，就近的，比如本書的關鍵人物李昌美和李美燕，就面對面採訪。

這樣一本「大書」，一定要有深度、內容豐實。收集志工歷年來的活動報導和再訪的內容，試著揣摩當時的時空、人與人之間的互動，最困難的是當時的場景，同學的反應和表情。不能憑空想像，後來我向昌美老師要求，「可不可以跟你們進去觀摩？」

二〇一七年九月二十八日，昌美老師團隊爲同學們舉辦懇親會，我隨著進去。第一次進入看守所，我依然以探索的眼光，觀察同學們的表情。很震撼的是，「他們並不像『壞人』啊！他們做起事來架勢十足，看得出有責任感、有自信。是什麼原因讓他們到這裏來『休息』的呢？」

當我還想不透時，遠遠的，一個家庭的畫面岔開我的思維。

這一家，同學看上去大約二十幾歲，來訪的是三個女人，最年長的女性抱著一個嬰兒，旁邊兩位標緻的妙齡女子。我好奇問他們的關係，原來是同學的岳母、大他一歲的新婚妻子和小姨子。

她們一家四口從臺南遠道而來，爲的是讓爸爸看看新生孩子。天下父母心，但同學依舊少不更事的模樣，我看了，只能以不捨來形容。

昌美老師團隊和志工，每個月帶給同學不一樣的心靈饗宴。失去自由的他們，在這段孤伶伶的漫長日子裏，有老師的愛，長期陪伴，相信能讓他們的未來走得平順些。然而與其說我們去付出，倒不如說同學示現出人生的無奈與苦相，讓我們對幸福的註解，多了分感恩與戒慎。

這本書能出版，要感恩許多志工的協助，和李昌美老師團隊的付出。在此致上萬分的感謝！

第一章

高牆

「科長、科長，昨天又『新收』十位，資料在這裏！」

一早，臺中看守所科長王俊壹踏入辦公室，望著滿桌的公文，正思索著趕快彙整上週各科調查回來的新「同學」資料，結果報到科又送來一疊新的。

「唉呀！上週五新收八位還來不及彙整，現在又來了十位，眞不知道這個社會到底生了什麼病？」王俊壹不嫌工作量多，語氣裏只是感慨和無奈。

他抱起公文，踩著急促步伐，廊道上揚起一陣風，大紅燈籠也跟著晃蕩了起來。

年前，輔導科辦了一場「文康活動」，「同學」們臥虎藏龍，人才濟濟，剪窗花、寫春聯、插畫、編工藝品等，各有專精，龍鳳吉祥燈籠、春聯、年畫，琳瑯滿目的年味作品，將廊道妝點得喜氣洋洋，連工場的鐵門、牆面和窗櫺，都被塡滿了，讓人誤以爲走入寺廟殿堂。

臺中看守所主要接收吸毒、酒駕或移監的短期犯，但也有重刑犯，每天都有新收的「同學」，一個月少則二十幾位，多則三十幾位。新收同學報到後，資料來到輔導科，由輔導員送至各科室，第一步先做背景調查，輔導科負責從警局等單位，了解同學們的犯案經過。

臺中看守所輔導科只有兩位職員，一位是輔導科長王俊壹，另一位是輔導員。輔導科負責調查、教誨輔導、教育、考核假釋業務、更生和就業輔導，以及志工教育專業講座等約十三項工作，工作量是可想而知的多。

收容人的輔導項目，有新收調理、心理輔導和社會適應，等待釋放、心理和社會需求評估等，也配合毒品戒治處遇方案，由探索治療團體協助戒毒，了解家庭關係和支持度。

透過每週的稽核調查會議，需要特別輔導的「核心個案」，多半由志工認養。志工協助關懷收容者家屬，希望獲得家庭的支持力量，評估收容人出獄後的社會適應問題，就業媒合、引導如何應徵、就業態度的輔導，也都是必要課程。

無論是哪一項輔導科目，都要仰賴社會資源。王俊壹在戒治所的輔導經驗，除了專業性的課程必須仰賴專業老師，他更希望藉由志工注入新的能量。

如何助一臂之力

臺中看守所遠離市囂，地處高速公路旁大肚山腳下，大門前道路兩旁直挺挺的椰子樹，扶疏搖曳，清幽靜謐。王俊壹自一九八七年從監獄管理員做起，已有三十一年的監獄職場管理經驗。

小學五年級時，他曾用腳踏車載著罹患腎臟病的父親去打針。父親因爲不敵病魔的折磨，四十歲即往生，留下二十幾萬的債務，母親不得不變賣田產還債，才撐起這個家。

他一路打工求學，從嘉義高工畢業，考陸軍官校專修班，在軍隊裏擔

臺中看守所前，輔導科科長亢福隆（中）與慈濟教聯會教師們合影，左起吳秀美、林富宸、楊淑英、李昌美、蔡素珠、蔡珠、楊麗珠、吳秀玉、黃碧純。（攝影者／彭東整）

任過政戰官、輔導長，退役後報考監理所管理員，從基層做起，前後當過主任管理員、科員、教誨師、專員兼股長、總務科長，到現任的輔導科長。

王俊壹度過艱困的成長過程，因而特別珍惜每一份工作，看到年紀輕輕的收容人因被毒品糾纏，屢次出入監所，恨不得自己有地藏王菩薩的願力，擋在監所的大門前。

「同學」面對時代環境變遷，社會多樣化的諸多誘惑，身不由己地陷入人生低潮，在紅塵滾滾競逐場中，一時迷茫無知而被三振出局，無奈地禁錮囹圄，度過人生驛站。他們內心的苦，王俊壹深感同情，想著：「如果能多給他們一分關懷和同理心，引導他們調整身心，至少將來回歸社會後，可以減少挫折和走回頭路的機率。」

雖然同學的苦，王俊壹無法代受，但他一直想找到適合的老師，助同學們一臂之力。到看守所就任之前，他在法務部矯正署臺中戒治所任輔導科科長，每個星期四，總會看到五位上了年紀的慈濟志工，抬頭挺胸、步履輕盈，排著整齊隊伍走進所內，不由得自己也跟著肅然起敬：「怎麼這麼有精神？連服裝都很整齊，準時到又很安靜。」

這和他以前所認知的慈濟人完全不一樣，「我一直以爲慈濟只在救災關懷的時候跑第一，沒想到他們也關懷收容人！」

王俊壹口中的慈濟人，就是慈濟教聯會李昌美老師帶領的團隊，五位六、七十歲的退休老師，已經在戒治所裏與同學互動有一段時間了。

老師應該「無所不教」

二〇〇八年某天，李昌美接到吳福樹老師的電話：「昌美老師，戒治所的張瑞鐵教誨師請我去當教化志工，那可不是一朝一夕的任務，我一個人力量有限，希望能組一個團隊，第一個就想到您了！」

「教化志工，這是何等專業的差事啊？」李昌美是小學退休老師，長年面對的是學童，教授的是書本上的知識，她自認沒有能耐到監獄當教化志工，不敢立即答應。

「您在紐西蘭推廣『靜思語』有成，在臺灣又帶領退休老師在校園推廣『靜思語說故事』，由您來號召人力準沒錯的！」吳福樹指出李昌美的強項，爲她增添信心。

聽到吳福樹提起推廣「靜思語」教學，李昌美心裏倒是有了譜。

一九九九年，李昌美從教職退休後，和先生移民到紐西蘭。本來想去那裏養老，但是生活實在太閒適、太安逸了，她覺得應該可以做一點事情，

2012 年 12 月 27 日，慈濟教聯會教師們走入臺中戒治所，舉辦「愛灑人間」活動，為高牆內帶來溫馨的氛圍。（攝影者／陳榮豐）

便自告奮勇到奧克蘭的慈濟分會，自我推薦要推動社區「靜思語」教學。

「在國外要推廣『靜思語』很難，倒不如說推廣中文，還比較能吸引人來！」紐西蘭的慈濟志工並不看好，第一句話就潑出一大盆冷水。

「『靜思語』是在傳達日常生活的規矩與禮儀，若以這樣的訴求，讓家長帶孩子來上課，多少會有收穫的；再說，孩子們多半是愛聽故事的，我會以說故事的方式來上課！」李昌美並不放棄，嘗試具體化自己的想法。

聽李昌美這麼一說，有些志工點頭了，他們討論了一下，進一步請教李昌美推動的模式和方法後，達成初步的共識，「好吧！看來好像可行，不如先試幾堂課看看！」

剛開始上課的對象，只有少數幾位慈濟人的子女。李昌美不只說故事，還搭配簡單的道具，沒有教化意味，只有活潑、動人的故事情節，孩子們愈聽愈覺得有趣，每次上課時間一到，就吵著父母趕快帶他們來。

漸漸地，孩子們想聽，父母跟著來上課，也聽得有心得。消息一一傳開來，「有一位從臺灣來的老師，很會說故事，我們的孩子聽了故事，不僅懂得道理，也學會了不少中文！」媽媽們互通消息，便有愈來愈多的親子，搶著來報名。

「靜思語」教學寓教於樂，讓身在異地的華人如久旱逢甘霖，孩子可以學中文又能了解中華倫理道德，這樣的好消息也傳到了漢彌頓的慈濟聯絡處。

有一天，李昌美接到慈濟志工葉志忠的電話：「昌美老師，可不可以請您每週日也來漢彌頓開課？」

漢彌頓與奧克蘭之間，開車需要三、四個小時，李昌美在奧克蘭的課排在每週六，上完課又要開車趕去漢彌頓上課，來回奔波，可以預想是有些辛苦。可是想到自己當初想要推廣「靜思語」教學的一念心，她思考不能喊辛苦，便答應了葉志忠。

就這樣，李昌美每週六在奧克蘭上完課，再驅車趕往漢彌頓。兩年之間，爲紐西蘭打下「靜思語」中文班的深厚基礎，也帶動當地中文老師傳承、持續課程。

二〇〇二年，她回到臺灣受證慈濟委員，也同樣帶領一群退休老師，到各個校園去推廣「靜思語」教學，但壓根兒沒想過「靜思語」可以推進戒治所。

「爲吸毒的年輕人說『靜思語』故事？」李昌美很好奇。

吳福樹補充說：「昌美老師，這些年輕吸毒的孩子，本性都不壞，只是一時糊塗，就像科長說的，需要有耐心、有愛心的老師，才能慢慢引導他們早日戒毒，重返社會，如果您能來，那就對了！」

一向喜歡接受挑戰的李昌美想：「身爲老師，除了教學校的學生，如果能再幫助這群誤入毒窟的青少年，讓他們有機會徹底醒悟，重新找到人生的方向，等於是幫父母重新找回失而復得的孩子，也是爲社會找回希望，這不就是身爲老師的職責嗎？老師的定義應該是『無所不在』的吧？」她一邊想著，心裏也開始盤算，哪幾位老師可以配合？第一個想到的，就是同校的同事白照碧老師。

「同學們」無動於衷

「教那些年輕人學『靜思語』？沒有用的啦！等於在石頭上撒種子，會發芽才怪！」直心的白照碧想都沒想，劈頭就給李昌美一個大鐵板踢。

「我們在校園教學，也會面對各種資質的學生，能夠將劣等生教成資優生，不是更有成就感嗎？」李昌美表現出很有信心的樣子，希望能說服

2012 年 12 月 27 日，臺中戒治所「愛灑人間」活動，慈濟志工們帶來心型「靜思語」祝福卡與同學們結緣，但願好話好念種下心田。（攝影者／陳榮豐）

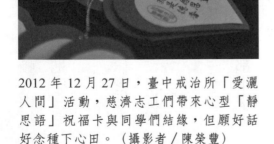

更多老師一起投入。

「石頭經過風吹侵蝕也會有縫隙，上面的種子一定有機會吸到水分，發芽成樹林！」李昌美發出壯志豪語。

就像她在紐西蘭推廣「靜思語」，雖然語言不通，又是生疏的環境，兩年下來也交出亮麗成績。同樣都是人，同樣都是教學，難道還要挑學生嗎？

白照碧知道這個老同事的性情，不做就不做，一旦下了決心，再困難都會闖過去，「如果我不挺她，即使最後只剩下她一個人，她也一定不會打退堂鼓的！」

「要安排什麼課程內容呢？中區慈濟志工目前沒有到過監所互動的經驗，我們可是頭一遭，沒有前人的經驗可以參考，總要規畫一下吧？」白照碧提出疑問。

「放心，有上人給我們依靠，播放〈人間菩提〉或是〈靜思晨語〉

開示節目，用上人的法來和他們互動，同學一定會感動的。」吳福樹胸有成竹，琅琅上口地將證嚴法師搬了出來，大家想想，不再那麼害怕，有素材和方向就好做事。

白照碧老師的友情相挺、吳福樹老師的細心規畫，李昌美有了八成的膽量，她再邀兩位會帶手語和團康的老師，五位退休老師的陣容，就這樣成軍。

二〇〇八年五月二十二日，吳福樹、楊淑英、林碧信、白照碧和李昌美五位老師，浩浩蕩蕩地，抱著滿懷信心抵達臺中戒治所。

五月了，市區豔陽高照，這兒兩旁的椰子樹搖曳，大肚山的山風，吹來一陣陣涼意，把五位老師緊繃的心都吹緩了。「老師們，請這邊走……」張瑞鐵教誨師在前面引路，老師們亦步亦趨在後面跟著。

到了門口，證件得一一過關卡，手機也要暫時交給管理員。「怎麼會這樣？」幾位老師內心嘀咕著，李昌美強作鎮定，其實也和大家一樣緊張。

「砰！」走在最後的老師，後腳才剛跨過門檻，背後鐵門立即「砰！」地關閉，嚇壞了這些已經上年紀的老師。

「砰！砰！砰！……」鐵門一道一道刺耳地響著，一群人好似鳥兒誤闖進牢籠，一下子被關起來，感到鶴唳風聲。

經過一道又一道深鎖的鐵門，走過長廊，遠眺窗戶，可看到幾顆光頭在裏面晃動，老師們已事先知道販毒的同學，有的才十幾、二十來歲，當作自己的孫子綽綽有餘。

活動中，觀賞證嚴法師開示影片，志工們為同學講解如何轉念。（攝影者／陳榮豐）

「把他們當作自己的孩子看待就好，以來探望親人的單純心境面對！」李昌美這樣想著，教誨教室這時已出現在眼前。

進了教室，即感受到一股「超強的低氣壓」，一眼望去七、八十個光頭，老師們猶如一群誤闖者。

「老師，請進！」張瑞鐵引導老師們進教室，順口向同學介紹：「他們是來自慈濟的老師！」

有的同學用一隻眼睛往臺上斜睨，有的連頭都不抬，自顧自地坐著發呆，或是玩弄手指頭。每個人穿上同樣的制服，剃著同款式的頭，整齊的樣子倒是清純，有了環境的約

慈濟教聯會李昌美老師，以媽媽心，諄諄善誘鼓勵同學們。（攝影者／陳榮豐）

束，臉上的表情也不那麼橫逆。

「老師？又是老師！我最恨老師的那一套了！」有數十年教學經驗的李昌美，知道這些孩子心裏面在想什麼，她提醒自己千萬不可操之過急。身旁的楊淑英，當作沒感覺到緊張怪異的氛圍，儘管敞開嗓門，雙手、雙腳並用，手舞足蹈地蹦蹦跳跳，其他老師也默契地跟進。

「眞歡喜看到你！各位同學請跟我一起拍拍手，當我說『眞歡喜看到你』時，你們就回應『看到你眞歡喜』，好不好？」

依照慣例，楊淑英每到一所新學校，在教室裏這樣問同學時，多半同學會雀躍地呼應：「好！」但是，「爲何在這裏是這樣？」

「眞歡喜看到你！」她眼角掃過同學的表情，他們要笑不笑、欲語還止的模樣，好像在說：「那麼老了，還敢這樣跳！」

「……」還是一陣無言，無反應。

「眞歡喜看到你！大家一起說『看到你眞歡喜』！」

「眞歡喜看到你！」白照碧和李昌美走到同學的面前打招呼，同學無可奈何，只好應付著：「看到你眞歡喜！」

「太好了！繼續，GO！GO！GO！」鴉雀無聲的教室漸漸熱絡了起來。但是，還是有人像一座發條鬆弛的老鐘，走不動了，懶懶地舉起雙掌，作勢拍幾下應付。

這是一間可以容納上百位同學的教室。同學們有的看上去已經四、五十歲，有的像還在就學的青少年，從頸脖上就能清楚看到他們後背、胸前有龍、有鳳，或是說不上來的刺青圖騰。

他們眼神飄忽、眉頭緊蹙，有的乾脆半斜倚在座椅上，自顧自地撥弄手指頭，壓根兒不理會這些可以當他們阿公、阿嬤的老師們。

「……感謝天，感謝地，感謝阿娘甲老父……」楊淑英丹田有力，帶頭比起手語，其他老師們也輕輕地跟著唱。

楊淑英一手比天，一手指地，蓮花手指點著臉頰比出「阿娘」、「老父」的手語動作，臺下無精打采的一雙雙眼神、稚嫩的臉龐，漸漸停格，緊蹙的眉頭稍稍舒展；玩弄手指的少年，慢慢伸出手，盯著臺上看，縮回了手，低下頭，深怕被人知道心意似的。

李昌美知道同學們已經有些心動了，她說：「我們都能當你們阿嬤的年紀了，孫子有的已經和你們一樣高了，我們是帶著證嚴上人的愛來愛你們的！」同學聽得一愣一愣的。

此時，螢幕上播放證嚴法師在〈靜思晨語〉節目上的開示，緩緩、輕柔的聲音環繞著教室。同學們繼續玩弄手指頭，翹著腳、雙手撐著下

慈濟志工與教師們帶動手語，同學們踴躍互動、呼應。（攝影者／陳榮豐）

巴，剛被帶起的熱絡氣氛，再次止息。

「那也按捏？都不捧場！」白照碧又嘀咕著。一場約莫兩個小時的互動，即將劃下休止符。李昌美拿出事先準備好的「靜思語」卡片，讓同學抽，就在這個時刻，眼尖的她，望見一位同學神情凝重，望著卡片發呆。

第一天的互動，老師們就像一群被打敗的選手，精疲力竭、有氣無力地走出教室，在鐵門「砰！砰！砰！」關上後，踏出戒治所。來到所外，一陣清新的空氣拂面而來，「唉！」白照碧大力地嘆了口氣。

「下個星期改成播放〈人間菩提〉，內容比較貼近社會，同學應該不會排斥。」吳福樹觀察到同學的回應不好，他在想，可能自己準備證嚴法師的開示內容太嚴肅了。

互動方式要生活化，才能貼近同學的心。李昌美想到了帶入流行歌曲，可是唱歌的時候，同學會跟著哼哼唱唱，一旦播放〈人間菩提〉，雖然內容貼近生活，同學們依然顯得興趣缺缺，連抬頭看螢幕都不賞臉。

「那也按捏？」「那也按捏？」老師們像一個個洩氣的皮球，使不出更好的方法了。「看來我得去邀請幾位超級會分享的講師來試試看了！」

李昌美在記事本內做了註記，列出一串名單。她認爲這些「老師」平日在社區分享都非常受歡迎，一定能引起同學的興趣。

可是畢竟是「老師」，像在課堂上的一般教學，內容一板一眼，同學們依舊無動於衷，氣氛低迷到讓她想挖個地洞往裏頭鑽。

後來，李昌美想到了一位具備「法官」身分的慈濟志工。

這一天又是星期四。李昌美請來了「法官」，他可不是來審案的，而是要與同學分享。李昌美很慎重，特別向同學介紹法官的資歷，不說還好，一說是「法官」，同學紛紛擺出奇形怪狀的姿態，完全表露出「我開始要叛逆了」、「你們分明是找人來教訓、監督我們的」，冷漠、不屑一顧的表情，把李昌美急壞了。

又是失敗的一次。「我們太不了解這群在社會邊緣的同學了，他們心裏面到底都在想些什麼呢？」課後，老師們你一言、我一語地商量對策。

「好手好腳」的定義

每週都要進去跟同學互動，要長期經營下去，不得不趕快尋找適合的講師，可把老師們想破了頭。

「啊！有了，聽說臺北有一位，她既不是老師，也不是法官，說起故事來很動聽，我們來邀邀看！」李昌美想起那位能言善道的黃靜貽。

黃靜貽果真受邀而來，她和張秀春八點半就準時抵達戒治所。同學斜睨著眼，嘴裏嘟噥著，每個星期來的都是些和尚、牧師、老師、律師、法官、衛教師，不是「阿門」，就是「阿彌陀佛」，或是穿同樣衣服、綁同樣髮型的「阿嬤」、穿一樣西裝的「阿公」，一直在說教。

黃靜貽拄著枴杖，一跛一跛地走進教室。她沒有直接上講臺，而是向著臺下的同學，一拐一拐地走到同學身邊，走近一位大約二十來歲，看起來很帥氣、稚嫩的年輕人身旁。

「各位同學，大家好！」她的跛腳已經引來同學的關注，宏亮的聲音更讓他們精神一震。「你們知道嗎？今天早上三、四點，這位張秀春師姊就從基隆出門，到板橋接我南下臺中，千里迢迢爲的就是來看大家。」

「雖然你我不相識，但因爲有緣，我們才會不辭辛勞地想來和你們結這一分善緣！」黃靜貽先試著打破同學的防備心，接著手持引磬，「噹——南無地藏王菩薩，啊——南無地藏王菩薩……」

她的聲音悠揚，深沈又有道氣，持續唱誦地藏王菩薩聖號，同學也慢慢跟著閉上眼睛，雙手合十默默覆誦；好長一段時間後，教室

黃靜貽與先生嚴一輝至今仍租屋公寓頂樓，頗有人在陋巷卻不改其志的淡泊風範，以己身故事激勵同學們知因果、行善事。（攝影者／顏霖沼）

裏只剩下佛號聲與引磬聲。

「很多人都要去西方極樂世界，所以地藏王菩薩很辛苦，但是他很慈悲，一直在救拔我們，希望我們有朝一日能登到彼岸，也跟著到西方極樂世界去。」

黃靜貽悠悠地說：「我們非親非故，各位同學，我們就是你們的親人，你們就像是我的孩子、兄弟姊妹一樣，只要有人遇到困境，有走不過去的苦，穿這套衣服的慈濟志工，就會去到你們身邊。」

她從證嚴法師帶領弟子縫補嬰兒鞋，賺取少許生活費，也不放棄做慈善的五毛錢「竹筒歲月」開始說起，籌建花蓮慈濟醫院的篳路藍縷……「上人有心臟宿疾，但是他堅持要救助苦難的蒼生……」

說著說著，她扶著桌子，沿著桌腳慢慢跪了下來，輕輕柔柔地唱著：

人生茫茫　浮沈無際大海中　任由風浪漂浮

隨境轉向　何去何從……

立地藏王菩薩的願　但願眾生得離苦

發觀世音菩薩的心　但願愛心廣大無邊……

這是慈濟歌曲〈生生世世都在菩提中〉，本是頗具宗教意味的嚴肅歌曲，由黃靜貽美妙溫婉的歌聲唱來，像抓住掉落的風箏線頭，慢慢又揚起，展現力道和神韻。

這時，有人捂著臉，有人低下頭去，啜泣聲，一個接一個出現。

兩個小時過去了，黃靜貽開始說她自己的生命故事。

「我的腳因爲髖關節的毛病，走起路來很辛苦，但我還是想來看看你們，因爲你們就是我的家人！」

她壓低聲音，就像對自己的弟弟妹妹般勸慰。「我的腳關節有這樣的問題，不是沒有原因的。」

黃靜貽說，她小時候老愛抓青蛙殺來吃，尤其特別喜愛吸食青蛙腳骨節裏的肉，甜美的滋味屢嘗不厭。

黃靜貽比著自己的腳說：「我天生髖關節發育不良，爲什麼會是先天性？別人怎麼沒有？所以說，『欲知前世因，今生受者是；欲知來世果，今生做者是。』這一切都有因緣果報。」

「這就是我的報應啊！我曾是百貨公司專櫃小姐，因爲賺錢容易，出國、購物、吃喝，花錢都不手軟，後來認識我先生，他和我完全相反，生活節儉，出去約會時吃路邊攤、共喝一瓶可樂，受他影響，一直到現在，我們仍租屋在公寓頂樓的加蓋房，十幾坪大小；我們省吃儉用，每個月兩萬、三萬元不等，捐款行善！」

黃靜貽的先生一個月薪水不到三萬塊，爲了護持證嚴法師在醫療資源缺乏的花蓮蓋醫院，他們將僅有的三十二萬元存款，提領出三十萬元捐出。黃靜貽結婚時的金飾嫁妝，後來也捐出去，先生還跟她說：「紀念放在心裏就好！」就這樣，夫妻倆至今捐款已超過一千萬！

同學們聽了都張大眼睛，驚訝的表情，想像不到世間有這樣不懂得享福的人。

「我跟各位說，享福消福，福盡就悲來，無常來時，房屋揹不去，現金也帶不走。我們生活簡單，黃昏市場賣相不佳的蔬果，撿回來，整理烹調後，就是一道可口的好菜餚，甚至還可以煮來招待其他志工呢！」

黃靜貽的人生故事太精彩，原本教室裏還有移動椅子、咳嗽的聲音，同學聽得入神，到後來是鴉雀無聲。

她提高聲音繼續說：「每當身體疼痛時，我都跟它們『懺悔』，跟它們說：『抱歉啊！讓你們那麼辛苦！』但我也以歡喜心來接受，因爲早在二十幾歲時，醫師就說未來可能無法走路。我既走不快也無法跑，但是我專心走下去，走一天就是賺一天，我也賺了二十幾年，二十幾年來，我帶著它們一直在做好事。」

黃靜貽以懇切的語氣勸同學，乘著年輕，四肢健全，多付出，「我們一生當中，總會遇見挫折，或過不去的時候，就像你們現在在這裏，也是人生中的不得已，算是短暫的靜修……」

她話鋒一轉，問同學們：「世間有多少吃不飽、穿不暖的辛苦人，你們可知道？布施做善事不是有錢有閒人的專利，你們將來離開這裏後，願不願意也去做善事，做別人生命中的貴人？」

受到黃靜貽的激發，同學們原本垂頭喪氣的模樣，後來顯得神采奕奕，士氣大增，心裏想：「其實做好事並不如想像的難！」「對啊，我就是沒有貴人相助，受損友的拉扯，才會來到這兒！」各人有各人的心路歷程，但也有同學顯得信心十足地說：「願意……」

這一場顛覆過去的冷漠而產生的熱烈迴響，讓臺下的老師們叫好、稱妙，「咦！原來貼近生活、生命的話題，比較容易引起共鳴！」李昌美領略到其中精髓，以後的課程規畫就朝這個方向走。

第二章
超級講師

生命的風華，生命的轉折，生命的再生，在慈濟世界裏比比皆是。這天，老師們邀請年輕時脾氣暴躁、常對妻子拳打腳踢的柯國壽來分享。

柯國壽操著道地臺灣國語的口音，劈頭就向同學說：「其實我年輕時也曾懵懂糊塗過，爲了賺錢、生活壓力，脾氣變得暴躁，一旦遇到不稱心的事，就是隨便罵大罵小，老婆常被我毆打，差一點就到法院按鈴申告。」

「我曾經不是一百分的爸爸、一百分的丈夫！但是你們看我現在的樣子，有沒有很帥？」柯國壽一口「海口音」，多樣表情和豐富的肢體動作，說到自己年少荒唐的歲月，全無遮瑕，好像說的對象不是自己。

「應該說是『足實在，足實在』，對嘸？」他那鄉土味十足的模樣，就像磁鐵一樣吸住同學的目光。

他說，他是因爲看到慈濟志工王淑芬，揹著剛滿月的孩子，開著自家車在載送回收物資，感動無比，就此開始幫忙。一次兩次之後，慢慢做環保做習慣了，脾氣也開始漸漸改變。

「我對吸毒的孩子有一分特別的感情，你們就像是我的兄弟一樣！因爲我在大甲輔導過不少吸毒的孩子。有一位出入監獄數次的孩子，連父母都想放棄他，我仍然不間斷地到看守所探望他。有的會員知道了，很放心地將孩子交給我，讓他們留在我的工廠工作。」

「我也曾經有段時間，在大安國中的『戒菸班』和同學互動。」柯國壽以過來人的經驗，告訴同學，「行善、行孝眞的不能等」，接著以嘹亮的歌聲唱起歌來——

若想起故鄉目屎就流落來，

柯國壽與太太李定娥，分享做環保、改習氣，鼓勵同學「行善、行孝不能等」。（攝影者／林美雪）

免掛意請你放心，我的阿母，

雖然是孤單一個，雖然是孤單一個……

許多年長的同學，聽到這首五〇年代的〈媽媽，請你也保重〉熱門歌曲，眼眶漸漸紅起來，待唱到「寒冷的冬天，夏天的三更暝，請保重嘸通傷風，我的阿母，期待著早日相會，期待著早日相會……」淚水已經不再聽使喚。

柯國壽知道，歌曲能軟化一個人的心房。他一首接一首地唱，〈浪子的心情〉、〈愛拚才會贏〉，同學們也跟著唱，唱到忘我時，鬱悶的心情逐漸開展，矜持的臉龐也放鬆了。

「我們眞的要認命，不要怨嘆命不好，唯有做流汗的事，才是最踏實的！」柯國壽的鄉土味和切入實際生活面的分享，讓老師們大開眼界。這一天，同學們要離去時，開始對老師們點頭示意了，有的還說「謝謝」、「謝謝」、「謝謝」……

李昌美也滿心感動，感恩柯國壽的相挺。

有了這兩次正面的回饋，老師們信心遽增，李昌美向大家說：「我還要繼續邀請更多講師來分享！」

「尪叔公與阿弟仔」布袋戲

說唱都是一種分享，就來一次用演的。李昌美請來了布袋戲志工王金福。他邊走進教室，手舉布偶，就開始演了。

「阿弟啊，聽說你眞會讀冊，敢眞實耶？」

「尪叔公啊，我不敢騙恁，其實我才讀到『六甲』而已啦！」布

王金福熟練地掌控布偶「阿弟仔與尪叔公」，輕鬆逗趣的對白，讓同學在笑聲中學習「不要小看自己，人有無限的可能」。（攝影者／邱百豐）

偶在王金福手掌心活靈活現地展現肢體動作。

「什麼叫做『六甲』？聽攏嘸！」

「厝叔公啊，你甘不是博士『澎』？連『六甲』都不知？就是『六年甲班』啦！」

王金福幽默、風趣的破冰開場，逗得同學們哈哈大笑，極力鼓掌。李昌美和幾位老師也跟著笑成一團……

接著，王金福又播出自己曾經在大愛臺、還有大愛廣播電臺的節目，同學們看得津津有味，透露出對「明星」羨慕、尊敬的表情。

王金福說，小時候家庭貧困，父母不讓他繼續就學，心裏實在很不平、很怨，恨父母、恨命運，卻不敢說出口。

但他沒有資格自甘墮落，因爲不服輸、不洩氣，自認沒有錢脈、沒有人脈，沒有高「學歷」也要有高「學力」。三十一歲時認識慈濟，聽到證嚴法師一句話：「不要小看自己，人有無限的可能。」讓他開始思考，「我有什麼潛能呢？」

當時的年代，坊間、電視上到處都在演布袋戲，是布袋戲大盛行的時候。慈濟志工每個月邀約會眾，搭乘慈濟列車到花蓮靜思精舍參訪，王金福突然靈機一動，「我可以在列車上演布袋戲，說慈濟故事啊！」

他開始揣摩電視上的布袋戲，沒有拜師學藝，只是採用一些生活化的素材，配合證嚴法師的「靜思語」，就在車上自唱、自導、自演了起來……

爾後，他也常到學校、社區，演布袋戲給小朋友、民眾看，藉著布袋戲推廣「靜思語」。

這時，王金福以「屘叔公」和「阿弟仔」布偶代言，演出自己的故事。一時之間，同學視他爲「明星」，教聯會老師高興得不得了，每個月固定排一堂課給他。

有一回，他帶來一位腦性麻痹的搭檔林隆安。他們一走進教室便拿起布偶，雙雙一搭一唱地演了起來。

最後只剩下十分鐘時，王金福對著林隆安說：「你要不要跟同學們結個緣，說個話呀？」

「我——我告訴你唷，你——你們不能再做壞事了！」

王金福馬上接話：「這——這可不是我說的唷！」

「對啊，你再做壞事，你、你——你們爸媽會傷心的喔！」

其實，這是王金福特意安排的橋段，沒想到林隆安說得巧、演得妙。林隆安的肢體因爲腦性麻痺有些不穩定，說話也不太順溜，但是腦筋理解力與正常人是一樣的。道理從他話語不順的口中講來，王金福認爲比自己說上一堆大道理，還來得恰如其分。

臺下的同學，有的已經低下頭去，不知是不是在想：「他有腦性麻痹，走路、拿東西都不穩固，還出來做志工、出來幫助人，而我好手好腳、耳聰目明，卻去做『壞囝』，吸毒被關禁在這裏？」

王金福也教同學們比〈阿母的手〉和〈慈母心〉的手語。

晟養我的彼雙手，無人比伊卡幼秀，
為我操勞的彼雙手，美麗溫柔……
親像溪水流入大海，付出無所求，
無分日暝，無分春秋，疼子的心無理由……

他一邊分解動作，一邊說出自己的心聲：「其實，我有時候也會懺悔不該怨恨我的父母，至少他們是生我、養我的人，這一生的恩情，再怎麼報答都報答不完。」

王金福以自己為例，如果不是聽聞證嚴法師的「靜思語」，如果沒有接觸佛法，可能就是帶著怨與恨過一生。

世間所有的媽媽，親像蠟燭彼一般，
燒著自己照出光線，一生總是為子大……
您的苦心阮嘛知影，您的教示阮嘛有聽，
阮會打拚，阮會打拚，爭取好名聲……

當〈慈母心〉的音樂一出，還沒開始比手語，有的同學已經偷偷擦拭淚水。最不捨的，就是每週陪伴他們的老師群。老師打鐵乘熱，拿出事先準備好的「靜思語」卡片，讓他們抽。卡片上有精美的插畫設計，更重要的是證嚴法師的祝福「好話」。

同學們每一週都會和這群婆婆媽媽見面一次，漸漸熟悉了，慢慢卸下「戒護鋼盔」，與講師、老師也開始有了互動，尤其是臺上的講師像大哥哥般親切，老師們更像「阿嬤」一樣地疼他們。

雖然「靜思語」卡片並不是很貴重的禮物，昔日很少接觸過正語、正能量的同學，卻如久居沙漠初汲甘泉，甜美滋味透心涼，就像乾癟的海綿，字句咬在舌間，來回咀嚼。

老師看到同學拿著卡片愛不釋手的模樣，乘勢引導他們站起來分享。許多同學相繼舉手，熱絡地分享心得。

這一天，王俊壹科長剛好走過教室，看到許多同學站起來分享，說得頭頭是道，好奇地駐足靜聽：「證嚴上人的『靜思語』，讓我懺悔過去的無知與不懂事……」

「咦，不錯喔，老師和同學打成一片了！同學受到尊重就卸下心房了！」剛到任沒多久的王俊壹，本來以爲慈濟人只會在大型災難時去救災，經過幾次觀察，發現這群老師並沒有像說教一樣高高在上，課程的內容有歌聲、手語和心靈分享，而且每次講師講的主題都不同，讓這些絕頂聰明的同學聽得津津有味，不感覺是在對自己講道理。

王俊壹心想，「是因爲慈濟老師無私的關懷，同學才願意把心門打開，打開了心門，道理就聽得進去了！」這種無私的奉獻正好與他的理念相符合，「每週四不厭其煩準備不同的主題，每次來都不遲到，儀容也很莊嚴、整齊，太令人感動了！」

老師們對於課程的掌握，漸入佳境。這些「超級講師」的人生歷練，讓這群同學，好像在觀賞一齣齣人生短劇，眞實的人生故事，有苦也有甘，同學們並不是不懂，只是在他們周遭的環境，誘惑太多，身不由己，無法遇見生命貴人，以致被毒品牽著鼻子走。

李昌美也覺得像倒吃甘蔗般甜味在心頭，對這密集的每週互動「備課」愈發有心得，記事本裏還有一連串的超級講師。她始終在想，如果能在每一個人心中種下善的種子，如果社會上多一個好人，就會少一個壞人。她要盡力度這些栽進無明網的同學，一步一步邁向光明，從此岸到彼岸過一個快樂的人生。但是她還是覺得教室太小，容納的人數有限，無法營造更溫馨的氛圍。

她與老師們私下討論著，「我們是不是來辦一場大型的活動？」

「可是大型的，需要有活動策畫呀，憑我們這幾個人，帶手語還可以，如果要辦大型的，恐怕……」老師們沒有十足把握。

「這倒不怕，我來找人策畫！」李昌美心中早已有譜。

奉茶愧對父母恩

有一天，她遇見王俊壹，「科長、科長，我們想辦大型的活動，您也看到了，在那麼小的教室，就算辦浴佛，也是人擠人，一點都莊嚴不起來！您可以幫忙找大一點的場地嗎？」

「這個、這個……我怕……我得向同學問卷調查看看！」

「不用這麼麻煩啦，我們不要求同學做什麼，不用太擔心！」

「是這樣嗎？讓我想一想，那先給你們六十位好了！」

「我們動用的人力都不只六十位，這樣好像不敷成本！」李昌美以半開玩笑的口氣，與王俊壹討價還價。

王俊壹其實不太確定這群熱心的老師是否會產生令他擔憂的後座力，幾次經過教室觀察他們與同學的互動，剎時覺得是自己多慮了。此時此刻，王俊壹不再多想，應允讓一百人參加，也答應提供大禮堂作爲浴佛場地。

2013 年 5 月 16 日，首度在臺中戒治所舉辦「浴佛」活動，慈濟教聯會教師們引領同學靜心祈福，接花香、沾香湯，感恩父母、長官、老師們，許願與眾生結善緣。（攝影者／陳榮豐）

能夠往前邁進一大步，是教聯會團隊進入戒治所八年來最欣喜的成果。然而，場地和人數都有了，李昌美卻找不到人手來辦大型活動，她只是個老師，沒有辦大活動的經驗，該怎麼辦呢？

日子一天天逼近，實在沒辦法，李昌美只好請教聯會總幹事曾年燻協助。

「好啊，我請我們組長蔡雪櫻，找人協助布置會場，昌美老師您自己負責彩排，司儀再請田細嬌老師……」

「不不不，一件事多人負責，難以統整，會成為多頭馬車！」經李昌美多方溝通協調後，蔡雪櫻了解辦活動的難處在於整合人力，答應全權策畫負責，讓李昌美的團隊配合即可。

李昌美終於放下心中的大石頭，同時請老師們準備一百份印有一百零八句「靜思語」的心型愛心卡，要和同學們結緣。

準備工作均已齊備，浴佛前一天，李昌美突然接到王俊壹的電話：

「昌美老師，不好意思，人數會增加喔，共有兩百四十位！」

這個「變化球」來得太令人措手不及了，這些心型卡片都是老師們一個一個摺起來的，忽然增加一倍多，李昌美趕緊多找了十位志工，有的剪，有的摺，趕製出兩百四十份愛心卡，忙了整整一天，終於完成了。

李昌美向老師們說：「還好浴佛的籌備有雪櫻，我們可以比較放心！」老師們對臨場應變甘之如飴。

活動這天，天氣晴朗，清風習習。當浩浩蕩蕩的一群著旗袍、穿西裝的志工和教聯會老師們，整齊地沿著長廊來到大禮堂，許多長官都合掌致敬，好像「閱兵」般莊嚴。

「禮佛足——接花香——」「祝福吉祥——」

二〇一三年五月，教聯會結合慈濟志工將近百人，連同獄所長官、同學，超過三百人的浴佛大典，在陣陣佛號聲中，於大禮堂莊嚴寧靜地展開。

同學們依序至浴佛臺前手捧香花、沾香湯、虔誠恭敬地禮佛，滌除內心無明垢穢，洗浴每個人內心的一尊佛。人人都有佛性，但願滌除塵垢，早日走向光明希望的人生。

「好莊嚴喔！感恩老師們的用心！」大型活動營造出的溫馨氛圍讓王俊壹放下心中的大石頭，主動向李昌美要求說：「老師，不如這樣，我們十月份有一場懇親會，是不是也由你們來策畫？」

「好啊！那還有什麼問題？」李昌美欣然答應，辦大型活動可以感動更多人，應該說讓更多同學受惠，這是難得的機會，一定要辦得很溫馨。

每一年戒治所辦懇親會，吸毒的家庭幾乎都不會來參加，一者因爲這些同學進出獄所太頻繁，家長身心俱疲，二者是很多吸毒同學背後都有一個不健全的家庭或是隔代教養，親屬就算來了，場面也是稀稀落落，彼此說不上幾句話，氣氛顯得很沈悶。

王俊壹思忖著：「是我主動要求慈濟來協辦懇親會，如果家屬來得太少也很不好意思，氣氛肯定也帶動不起來。」於是他除了發出邀請卡，還一一打電話請求家屬一定要來，「我們這次會辦不一樣的活動，您來了一定會很感動，也會看到您孩子的改變！」

爲了辦好懇親會，戒治所的輔導員選了十幾位同學讓教聯會老師教唱〈一點露〉和排練情境劇。這是一首同學耳熟能詳的歌曲，老師每週和他們互動時，經常會帶同學唱這首歌曲。

中秋節，是家家戶戶賞月吃月餅的團圓日子，然而皓月當空，不管是身陷鐵牢或是鐵牢外的親人，心繫彼此也無可奈何？臺中戒治所特別舉辦了「中秋節感恩茶會」活動，邀約家屬懇親，讓同學們爲親人獻上一杯感恩的茶。

當天，大批的人潮湧入了戒治所，家屬和同學見了面，彼此相擁而泣，活動溫馨感人。「請奉茶——敬父母感恩三口茶——」主持人洪妙禎話還未說完，同學們捧茶的手已顫抖得厲害。這一生當中，未曾如此近距離看看雙親，看看最愛自己的親人，此時此刻，一杯茶只能訴說著無限的懺悔與感恩；而面前的父母也哭得像淚人兒，彼此擁抱的刹那，長官、志工的心都給融化了。

來到遠遠的省都，想起故鄉的草埔，

阿母對阮有講起，一枝草一點露……

三位同學和聲唱出令人悲感的〈一點露〉，沁人肺腑的歌詞，招引往事一一浮現眼前，如今身不由己，想要行孝卻自嘆難行。

……多少浮雲遊子夢，奔波前程遠鄉里，

父母倚窗扉，苦盼子女的消息，

多少風霜的堆積，雙親容顏已漸老……

慈濟志工出場表演〈跪羊圖〉手語，搭配大愛媽媽演出的短劇，述說容顏漸衰的父母，望穿秋水倚窗盼兒歸，日日以淚洗面。

有一位媽媽頻頻拭淚說：「孩子在這裏一年多了，心裏很思念！感

2013年9月16日中秋節，協助臺中戒治所舉辦「懇親會」活動，慈濟志工藉戲劇演出，提醒同學「行孝不能等」。（攝影者／陳錦竹）

恩你們辦茶會，讓兒子給我奉茶，坐在我身邊，握著我的手，很感恩！」

最後一個節目是「母愛」，劇中的媽媽閱讀一封兒子寄回家的信。兒子告訴媽媽，「天氣涼了，要注意身體，要吃飽，我在戒治所很好，每週四慈濟教師來訪是最快樂的事，聽故事，學手語。」

信裏還說，他讀「靜思語」明白很多道理，尤其是「做好事不能少我一人，做壞事不能多我一人」，他會記在心裏，請媽媽放心。

媽媽讀完信，走向象徵性的牢獄，對著迷途的「兒子」說：「兒啊！媽媽會照顧自己，你在裏面要聽老師的話，和同學好好相處，以後要規規矩矩做人做事，不要再讓媽媽爲你流淚了……」

此時，臺上一角，志工劉振慶緩緩吹奏〈遊子吟〉的悠悠笛音，更讓臺下觀眾不勝欷歔，心都快哭碎了。

有一位同學當場懺悔說，他已經四十幾歲了，二十年來，一次又一次做錯事，讓父母傷心，但是父母對他都沒放棄。「我已經覺悟了，天無絕人之路，路是我自己走出來的，我會堅強站起來，走出去，不再傷害自己。」說完後，他走向觀眾席，緊緊擁抱坐在第一排的父母，大聲地說：「爸爸、媽媽！我錯了，失禮！憨子永遠愛你們，不要爲我煩惱。」現場立即響起爲他祝福的熱烈掌聲。

還有同學在奉茶的時候，深感對不起父母，從前自己荒唐不懂事，讓父母奔波勞累。媽媽不知流了多少眼淚？「媽媽！你的淚水就像雨水滋養我這棵小樹，我會用行動來證明給你看，我懂事了。」

「感謝爸爸、媽媽來參加茶會，讓我有機會深深擁抱你們，祝福爸媽『中秋節快樂』！」……

再多的感恩都無法彌補時間的無情，家屬與同學臨別依依，王俊壹也深受感動，「這是我在監所任職以來，從未見過的懇親會溫馨畫面。」

老師們事前規畫節目，帶領同學排練，讓場面溫馨感人又不雜亂，王俊壹覺得慈濟人辦活動，效果眞好！「眞希望慈濟老師們繼續爲同學們『奉獻』，多辦大型的活動！」但又想自己是不是太自私了？

沒想到，隔了幾週，李昌美主動提議要在年終為同學辦歲末祝福。

「定力」帶來正能量

每年年底，是慈濟舉辦歲末祝福感恩會的時刻，志工正緊鑼密鼓地籌備活動細節，以答謝長年護持慈濟的會員。李昌美雖然主動提出要為戒治所的同學舉辦歲末祝福活動，卻缺乏籌畫團隊。如果每次辦大型活動，都要四處借調人力，以長遠來看，著實是一大考驗。

「這可怎麼辦呢？社區也正在忙著歲末祝福，我若現在去跟人家湊熱鬧借調人力，豈不是自討沒趣？」她左思右想，不知道該怎麼辦才好？「憑我們幾位『老』師，哪有『法度』？」

的確，初次舉辦浴佛和懇親會，有蔡雪櫻和洪妙禎的幫忙，往後如果繼續辦大型活動，一定得有固定的活動團隊。

一天晚上，志工們正在練習〈無量義經偈誦〉手語演繹，李美燕在臺上向大家講述〈說法品〉的大意。

當念誦到「斯經譬如一種子，百千萬億從它生，千億種子復又生，展轉乃至無盡量；一法能生無量義，無量義者一法生……」時，她與志工分享說：「上人在講《無量義經》時，一直強調這部經是集《法華經》的精華，而〈說法品〉就是在說，凡事都是從一個點開始，一畦稻田、一片樹林也是從一粒種子而生。我們做善事一樣要從一念初發心開始，從一而生百，百而生千、萬，以至無數無量……」

李美燕雖然只負責規畫活動，但是她對經文融會貫通，淺顯表達經義的方式，讓志工們很快就能理解。李昌美在臺下突然靈機一動，「啊，有了！不如就請美燕師姊幫忙規畫活動，她頭腦好，表達能力強，也是溝通高手，如果她肯加入我們的團隊，就太好不過了！」

「昌美老師，好啊，我才剛踏入慈濟不久，如果大家不嫌棄的話，

2013年12月26日，首度在臺中戒治所舉辦「歲末祝福」活動，臺上同學事先練習，以「同事度」和臺下同學共同演繹《無量義經・說法品》。（攝影者／陳榮豐）

我們一起來努力！」李昌美將他們幾年來在戒治所互動的情形讓李美燕了解。李美燕雖然忙於慈濟事，自己的事業也不能不顧，但是每當腦海中閃過李昌美微駝的背影，不管颳風或下雨，依然不停歇地踏進戒治所，帶著媽媽的愛，陪伴同學度過低潮期，自己就算再忙，也一定要挪出時間協助規畫活動。

不久，歲末祝福活動的列車真的從社區開進戒治所。李美燕早在三週前，邀約了退休音樂老師張玉秀，她也是手語種子老師，到戒治所向同學們，面對面講解拍點和詮釋經文的涵義。張玉秀向同學強調說：「最主要的是要熟悉旋律，只要旋律環繞在腦海中，自然而然比出來的動作就會很到位、很美，而且很有道氣。」

同學們剛開始接觸佛典經藏音樂，顯得生疏，又不習慣經文，對他們來說是一大挑戰。經過張玉秀來回幾次帶著練唱，耐心地一個字、一個動作地教，同時解釋經文的意思，雖然一開始大家的動作串連不起來，張玉秀和李美燕依舊細心陪伴，與他們一起練，邊比邊修正，直到熟練所有的動作爲止。漸漸地，同學們陌生的表情，隨著經文內容而有了變化，雖然一時還無法令人完整地解讀。

長期和年輕學生相處的李美燕，敏銳地觀察到同學對經文是有感覺的，她在想：「只要我們用心地經營，相信有朝一日一定能讓同學改變習氣，轉惡念爲善念的。」她有十足的信心。

張玉秀也錄製了手語教學影片，讓李昌美送到戒治所。「王科長，這片教學影帶交給你們，麻煩播放給同學看，讓他們晚上休息時間可以練習！」

「哇！很感謝呢！您還專程送來，太感動了！我會鼓勵同學勤加練習，活動當天以最好的表現，來回饋老師們！」

「只要他們能改掉不好的習氣，經文對他們有好的影響，我們即使花再多的心力、人力都沒有關係！」

對年輕的同學來說，這些手語並不難學會，主要是鼓勵他們熟背偈誦經文，深解含意勝過演繹的動作。

三週過去了，同學們學習能力強，早已熟記偈誦文，肢體動作配合旋律，也很快就學會了。

這一天，他們三位一排，成五列的放射狀隊伍，整齊劃一地在臺上演出，高聲唱誦著：

有一法門無量義，疾令菩薩成菩提；

自本來今最真諦，萬物性相本空寂；

只因眾生虛妄計，六趣輪迴苦難離……

同學已經了解經文涵義，表情顯得柔軟謙卑，臺下的同學看得很專注，有的人自動恭敬合十，默默跟著唱。

陳同學演繹結束後，嘆息地向志工說：「想不到再次與你們結緣，竟然是在臺中戒治所，真的很慚愧！」九二一地震那一年，他從電視和報章上的報導，看見慈濟人深入災區服務鄉親，深受感動，開始定期捐善款。只因家境清寒，他異想天開，想一夕致富，栽種大麻想讓畢生勞碌的母親買棟房子，怎奈聰明反被聰明誤，一念之間，就像溜滑梯一樣，直溜下去。

志工問他：「可否想過出獄後最想做的是什麼？」

他情不自禁地流下淚水，哽咽地重複說：「我要回家向媽媽道歉……我要回家向媽媽說抱歉！」

現在，他終於了解做錯事就要勇敢面對。「每個人心裏都有一股正面的能量，只是能量什麼時候能被引導出來？每個人都不同。我也在反省，希望自己被引導出來的能量，能夠繼續發展。」

剛開始他被選上手語隊時，心裏並不很願意。第一堂課，師姊們笑嘻嘻地準時走進教室，熱情地向他們問好、道早，「冬天很冷，要多喝水，避免感冒，在這裏已經很不方便了，要會保重自己的身體！」志工就像媽媽一樣，百般叮嚀，反倒不像要來「教課」。陳同學從排斥轉爲感動，他在想：「雖然現在是冬天，卻感覺老師們帶來一股暖流，讓人很窩心！」

密集的三週排練，讓同學們暫時忘掉失去自由、煩躁不安的情緒。陳同學向志工坦白說：「本來我每天都在數日子，算算還有多少天可以離開？只有在學手語的課堂中，心才能完全靜下來，不會浮躁，有時還覺得這堂課的時間怎麼這麼快就過去了？」

李美燕一直提醒他們，熟背經文，背的時候可以練定力，「定力」就是一種正能量，會給人帶來意想不到的效應。也許就是這股力量，在陳同學身上產生定靜能量。

蔡同學原本有一份穩定優渥的收入，因誤觸毒品而鋃鐺入獄。

在一次家屬會面中，家人告訴他從小照顧他的阿嬤過世了。蔡同學深受打擊，想到阿嬤對他的疼愛，往事歷歷重現腦海，痛苦、自責、後悔一直在心中纏繞，從此自我封閉。

蔡同學每天悶悶不語，直到看見慈濟志工帶著一臉慈祥微笑，進到教室爲他們上課，輕聲細語地關心大家，終於觸動了他的心。「他們準備了豐富的上課內容，包括具啓發性的小故事、照片等，讓我有了正面能量，也有了人生的目標和想法。」

他向志工坦白，如果不是因爲背誦經文、練手語，可能會一直陷在失去親人的痛苦走不出來。

歲末祝福活動結束後，蔡同學感覺有一股能量促使他定下心來服完刑期，他發願出去以後要加入慈濟，跟隨志工用愛心回饋社會。他仔細看著李昌美在活動後送給同學的「靜思語」祝福卡，突然嘴巴張得好大地「啊」了一聲。

「怎麼了？念出來給我們聽聽看！」志工催促著。

「心不難，事就不難；恆心如滴水穿石，可以突破萬難。」蔡同學大爲驚訝地說：「這句話對我眞的很受用，也給我相當大的啓發！」

「是啊，我們常將『靜思語』當靈籤來抽，挺準的，你看，你剛剛才發願，沒想到祝福卡就已經在爲你祝福了！」

志工和蔡同學彼此哈哈大笑，雨過天青，這些偈文已經植入同學腦海裏，也正如他們自己說的，希望這些正能量能夠開花結果，擴展延伸。

王俊壹看到同學在短短的時間內，因爲練習〈說法品〉手語，明顯地改變，連他自己都很受用。他代表同學向李昌美團隊致意說：「同學們，在這裏，你們吃的、穿的，樣樣都不缺，缺的是一分被社會肯定！還好有這一群志工、老師們不厭其煩地來看我們，讓我們一起大聲對慈濟人說：『感恩！』」話聲未落，整齊而宏亮的「感恩」充滿了臺中戒治所大禮堂。

「也感恩你們讓我們這群老人家有付出的機會！」李昌美謙卑地這樣一說，有的同學忍不住拭淚，王俊壹的眼眶裏也泛著淚光。

慈濟教聯會老師準備的心型「靜思語」祝福卡，由輔導科科長王俊壹（中）贈送給同學。（攝影者／陳榮豐）

句句不同的「靜思語」，對每一位同學都是一分祝福。（攝影者／陳榮豐）

慈濟中區活動組李美燕經常配合李昌美團隊，進入臺中戒治所與看守所策畫活動。（攝影者／彭東整）

繡花鞋與藍白拖同繞佛

除舊布新，一年晃眼而過，冬去春來，又是五月溫馨的浴佛季節了，李美燕這次想給同學不一樣的驚喜。

「昌美老師，不如這樣，五月浴佛活動，我們加入念佛繞佛，讓場面更莊嚴。」李美燕提出新的活動構想。

兩人有了默契，就向王俊壹提出，可是戒治所裏有勒戒、戒毒班和少年觀護所，刑期不同，班別不一樣，不能混合在隊伍裏，所方也擔心在繞佛過程中，萬一彼此碰撞，會引起衝突。

2014 年 5 月 15 日，在臺中戒治所舉辦浴佛活動，祕書長黃勝雄（右二）、輔導科科長王俊壹（右一）陪伴同學們供佛、祈願。（攝影者／陳榮豐）

「不會的，繞佛時，大家都集中心念在念佛號，不會有心想『惹事』。」李美燕很有把握地告訴王俊壹。

基於慈濟人已經辦過幾場大型活動，都讓人很放心，而且在浴佛前一天，志工都會進來布置會場、貼地標，每個人的位置和動線都清清楚楚。所方看到慈濟人做事謹慎、有系統、有默契，便答應嘗試。

繞佛要整齊，必須每一排人數補齊才會美觀，然而所方規定不同班級不能混在一起，缺了人不能相互遞補……「好，沒關係，我們來克服！」李美燕請志工和教聯會老師進到每排隊伍補齊人數，也當領頭和壓後的人，讓所方知道慈濟辦活動不會破壞他們的規矩，反而會順應規定去克服各種困難。

當天，戒治所文康中心大禮堂，早上七點不到，六十位退休老師和慈濟志工已在禮堂內布置和彩排。臺前紅色布幔，斗大的「佛誕日　報佛恩・母親節　報親恩・慈濟日　報眾生恩」非常醒目，深藍色的浴佛臺，

同學們接上香花，祈願心香朵朵人間綻放。（攝影者／陳榮豐）

布置著典雅的綠色小盆栽和蓮花，一字排開的十二尊佛像，莊嚴、寧靜、祥和。

王俊壹向李昌美說：「您怎麼沒有邀請我們來獻供？」

「好啊，好啊！我是怕你們不願意！」

王俊壹等所方人員加入典禮組負責供燈。穿著短衫短褲、藍白拖鞋的同學，腿上和手臂露出了各種圖騰的刺青，在禮堂內依序站立，十人一排，井然有序地安靜等候浴佛。

當〈讚佛偈〉樂聲響起，寂靜祥和的氛圍環繞於禮堂內，隨著司儀的引言，同學們高舉合十的雙手，跟著虔誠唱誦〈誠心祈三願〉，愈唱聲音愈宏亮——

我們一起祈禱，用至誠心情；

我們一起發願，用開闊胸襟，

把我們祈願直達天聽……

行進的隊伍彷彿一條流動的清澈河流，流過每個人的心中。同學們手中的玉蘭花，隨著繞佛的隊伍穿梭，香味在空氣中流動，流動的還有龍飛鳳舞的刺青，和亦步亦趨地跟著慈濟人的繡花鞋、緩緩前進的藍白拖鞋步伐。

佛號有安定人心的力量，同學們步伐整齊，氣氛也非常寧靜，讓戒治所的長官們感受到這分力量是不一樣的。他們也希望收容人藉此洗滌心垢，顯現佛性，增強戒毒的決心。

慈濟在戒治所與同學的互動，獲得所方肯定，彼此的默契愈來愈緊密。可

同學們在慈濟志工引領下，虔誠念佛繞佛，祈願未來心專、走好路。（攝影者／陳榮豐）

惜二〇一四年六月二十日，王俊壹即將調任看守所，老師們非常擔心與戒治所好不容易搭建起來的線，會中斷……

王俊壹也時刻惦記著這些同學，特地在履新前，向新上任的呂玉龍科長和輔導員李政謙說：「慈濟進來辦活動對受刑人有很大的幫助，希望你們能夠繼續維繫下去！」

教誨師出身的呂玉龍，多年來看到吸毒的同學，出去了，沒多久又進來，進進出出像進出廚房般平常，對慈濟團體到戒治所的互動，他持保留的態度，不太熱絡。

「那我們就不要做了！」白照碧直接將不滿說了出來。

「你不做是你的事，我可要繼續做下去，不能停！」李昌美堅守原則，再大的困難都突破了，眼前只不過是一位不熟悉慈濟、還沒看到成績的新科長，她相信假以時日，一定能獲得支持。

李昌美團隊還是一樣每週四照常去上課。有一回，上課接近尾聲，老師們要發愛心卡給同學時，呂玉龍正巧經過教室走廊，被眼尖的李昌美看到了。

「科長、科長！這麼巧，您剛好來，可不可以請您幫忙發愛心卡給同學呢？讓您跟他們結個緣！」

「喔——也好！」呂玉龍雖然很少與李昌美等人打交道，也不好直接拒絕，禮貌性地走入教室。

同學依序上臺，李昌美和一群老師一旁引導，同學們一一走近，從科長手中領取結緣品，每一位都點頭向呂玉龍說：「感恩科長！感恩科長！謝謝科長！」

不知道什麼時候，呂玉龍緊繃的臉頰，隨著回禮點頭的剎那，變得柔和了。李昌美第一次看到科長現出不一樣的表情——滿臉笑容。

呂玉龍心裏想，「我平常就是管他們，板著臉，顯出威嚴的模樣，從來都沒有聽過同學向我說聲『謝謝』，今天只不過是路過，沒想到無緣無故地接受到這麼多同學對我說『感謝』！」呂玉龍感到受寵若驚，表情有些不自在。

發完結緣品，他受邀向同學致詞。「很感謝慈濟的老師每週不惜辛勞來爲大家講課，今天是我第一次站在這裏與慈濟老師、同學同聚一堂，深深感受到老師的愛心和用心，你們已經吸收了、受用了，希望這些對你們將來出去後會受用，會對你們有幫助，改變人生！」

李昌美從頭到尾笑嘻嘻地在一旁觀察呂玉龍的轉變，她一直都相信愛的信念，一定可以感動人的心。

「昌美老師，剩下這些，那邊還有一班，我們也過去發，好嗎？」呂玉龍興致還未消除。

「科長，這些您留著吧！讓您去跟其他班同學結緣。」這是李昌美求之不得的好機會，就是要藉這個機會讓呂玉龍與同學多結好緣。同時，邀他進來教室，就是要讓他親眼看見同學的轉變。

熱情也需要支持相挺

「七月吉祥孝親感恩祈福會」即將在戒治所舉行。在這之前，有兩個月的時間，教聯會老師、志工每週四依舊準時到教室為同學上課，歡樂的笑聲、歌聲不時從教室傳來。

在呂玉龍的印象中，收容人多半因為情緒不穩定，表情憂鬱、緊張、暴戾、迷茫……他本來也以為慈濟的「教化」，與其他團體應該沒什麼兩樣，能影響同學的很有限。但自從上次在教室，親眼看到同學安靜的情緒、柔和的眼神，有禮貌地向他說謝謝，才深深體會到慈濟

2014年8月7日，慈濟志工將「七月吉祥孝親感恩祈福會」活動帶進臺中戒治所。（攝影者／陳鎮嘉）

老師亦師亦友的陪伴和關懷，的確可以弭平同學們不安的情緒，對戒毒有加分的效果。

慈濟要在戒治所辦祈福會時，呂玉龍認爲與坊間的法會形式差不多，所以並不反對。

活動前，李美燕爲同學排練手語。「這次祈福會，要請你們演繹〈跪羊圖〉，我們先練習歌曲，再教各位手語。」

「這首歌的含意是，父母日盼夜盼，盼不到孩子回來；在外打拚的遊子，經年累月爲了生活汲汲營營，最後才發現家是最好的避風港，父母是心靈的靠山……」李美燕解釋著歌詞涵義。

有一位年長的受刑人，一邊唱、一邊掉淚……也許家中還有雙親、也許已經來不及了，此時此刻，藉由歌聲抒發思親之情、懺悔反思。

還有一位年約二十歲的年輕人，沒有興趣比手語，到處走動。李美燕靈機一動，靠近他說：「同學，我給你一個不一樣的任務，你不用學手語！」他聽了張大眼睛，「眞的，那我就不用上臺了？」

「不是，我要讓你上臺，你來演戲劇，我相信你絕對演得出來！」

「只要不背那些手語就好！」年輕人好動，不喜歡背歌詞，樂意演戲。李美燕要他詮釋一位叛逆的孩子，和其他同學、慈濟志工一起演情境劇。

「爲什麼要讓你們演情境劇，你們知道嗎？就是要讓當天與會的其他同學看得懂這一齣〈跪羊圖〉的意境。」李美燕慢慢解釋歌詞要傳達的內涵。年輕同學覺得這「逆子」的角色，根本就是自己過去的翻版，他慢慢揣摩，愈演愈感覺昔日場景一一浮現，每練習一次就好像再一次回顧過去顛倒的人生，他倒抽了一口氣。

晚上，同學觀看慈濟志工錄下的彩排畫面，來來回回不斷地自我練手語和排戲。專注彩排，不再胡思亂想，日子過得很快，也過得豐富有意義。

呂玉龍察覺到慈濟辦活動，並不只有表面的活動，前前後後帶動同學唱歌、比手語、演戲，都是一項心靈的洗滌，「這是一種非課堂上、非教條式的心靈療癒，也是給同學一個專注的方向和目標。」他開始對慈濟志工們有了肯定。

「獻供人員請進場！」

「佛教慈濟七月吉祥　孝親　感恩祈福會」的藍色布條和佛陀灑淨圖，妝點空蕩蕩的舞臺，令會場莊嚴、溫馨。

心香一炷誠心齋戒　共聚善念

虔誠一念衷心祈禱　無災無難……

呂玉龍科長、黃勝雄祕書長、教聯會老師、慈濟志工，隨著〈誠心齋戒〉的音樂緩緩步向舞臺前，同學們也合十吟唱。

「獻供人員請就定位！」

「南無本師釋迦牟尼佛——南無本師釋迦牟尼佛——」

「祈願心燈——內外明亮——祈願善因——皆得善果——祈願遍地——圓滿吉祥——祝福吉祥」

沒有香、沒有金紙，莊嚴素淨的供佛祈福儀式啓幕，破除民間農曆七月「鬼月」的迷信傳說，大家彼此以祝福語、感恩的話，沈浸在靜穆的大法會中。

這一天，李昌美邀請環保達人陳阿桃來爲同學分享「孝親」。陳阿桃一站在臺上，就是令人歡喜的甘草人物代表。「各位同學們！『貪』字多一點，是變成哪一個字啊？」

看同學沒反應，她又繼續說：「『貧』，對不對？過去的我，不是現在這麼有氣質啦，我曾經沈迷在『大家樂』中，執迷不悟，傷了媽媽的心，對婆婆也不孝。每天睡到太陽晒屁股，婆婆準備好早餐，叫我起來吃還嫌她囉唆呢！婆婆擦地，我自顧自地看報，雙腳很自然地一抬，讓婆婆的拖把從我的腳下過去，大家想想看，踐不踐？」

「很跩！」有同學大聲地回應。

走遍海內外四處分享的陳阿桃，妙語如珠。她不長篇大論講道理，道理就在故事中，同學聽來覺得有趣，沒有壓力。

陳阿桃繼續說：「我也很迷信，因爲開美容院，要生意興旺就大把大把地燒金紙。後來接觸慈濟才知道農曆七月不是鬼月，是孝親月、也是感恩的月份，應該減少燒金紙，不要再給地球製造汙染源……我很喜歡做環保，從迷信到正信，遺憾的是當知道要孝順的時候，媽媽已經不在了……所以我更努力用心去做好事，才能回報媽媽在天之靈……」

2014 年 8 月 7 日，志工陳阿桃勉勵同學知福、惜福、再造福，珍惜世間所擁有的一切，做個有用的人以回報親恩、眾生恩。（攝影者／彭東鏊）

她激勵同學：「你們現在懵懂時，如果體悟了，將來走出這個大門，出去做好事才是回報父母，你們不知道現在你們在這裏，父母有多傷心啊！」同學們聽了，有的眼眶泛紅，有的擦著淚水，若有所思，有人在想：「眼前穿著端莊旗袍的『師姊』也有不對的過去，我將來若能重新再來，是不是也有機會像她一樣？」

「人生不可以重來，不該做的事做了就要懺悔。我們有健康的身體，不應該浪費時間，要把握時間付出，尤其『行善、行孝』是不能等的！」阿桃一直勉勵同學，要珍惜所擁有的一切，做個有用的人，才能回報親恩和眾生恩。

〈跪羊圖〉音樂手語劇，經過同學們兩個月的排練，緊接著上場了。

人間孝道　及時莫遲疑
一朝羽豐　反哺莫遺棄
父身病　是為子勞成疾

母心憂　是憂兒未成器……

由十六位同學搭配慈濟志工演繹的情境劇，歌詞內容句句就像在說給他們自己聽，扣人心弦，令人熱淚直流。

「媽媽——」淒厲的吶喊，撼動大禮堂，隨著陣陣哭聲、懺悔聲，同學也跟著崩潰了。

這是最後一幕的〈遊子〉。飾演「遊子」一角的是慈濟志工邱仁吉，維妙維肖如眞人實事的演出，觸動臺下的同學們，哭得一把鼻涕一把淚。

遊子邱仁吉的眞實人生，也曾在年輕歲月時，夥同黑道兄弟，做盡令家人、親友頭痛的荒唐事。他爲了向友人討債，教唆兄弟找出友人，找不到，就叫小弟到友人家噴油漆、站崗、或以電話恐嚇，派人緊盯友人父親，只要對方一踏出家門就衝上去包圍，讓老人家生活在恐懼中。

邱仁吉無所不用其極地惹事，處處與人結下惡緣，讓人只要聽到「邱仁吉」三個字，就退避三舍。後來，有了好因緣，他接觸到慈濟，受到慈濟志工的引導，才逐漸改變，後來由志工陪伴，在二〇一一年親自上門向友人父親懺悔道歉，央求他原諒，化解這段惡緣。

邱仁吉在劇中飾演一位遠離他鄉的遊子，只顧事業，罔顧日夜盼望兒子返家的雙親。有一天，突獲母親往生噩耗，當他趕回家時，再也見不到母親的慈顏了。

「樹欲靜而風不止，子欲養而親不待」的遺憾，他雙腿一跪，聲嘶力竭地哭喊，眞情

2014 年 8 月 7 日，慈濟志工以戲說法，啓發同學們的孝心及家庭觀念，將善的種子植入心田，將來走好路做好事，不再讓父母操心。（攝影者／彭東鏊）

流露的演出，讓同臺演繹的同學也心有戚戚焉！

有同學向志工表述，很懺悔自己曾經忤逆過父母，「看過這齣戲後，體會行孝眞的不能等，將來出去後再也不進來了，我要用行善來報恩。」

一位楊同學也說，他十三歲就離家，每年只在三大節日才會回家，「看完這齣情境劇，好像在說我過去的人生。想到當年父母苦盼我回家，心裏一定是多麼的難過，我卻一點感覺都沒有，只顧在外遊蕩，結交損友！」他希望將來「回家」後，一定多多陪在爸媽身邊，盡爲人子的孝道。

接連的感動與迴響，讓李昌美團隊愈來愈精進勇猛，任何社會上的重要時事，都變成他們取用的題材。

這一年七月二十三日，復興航空班機在澎湖馬公機場墜毀，機上五十八人中，有四十八人罹難，十人受傷送醫。此波災難才過了一週，失去親人的家屬還沈浸在悲傷中，高雄、澎湖的慈濟志工也正奔波助念和膚慰，七月三十一日深夜，高雄市區接二連三劃破天際的爆炸聲響突然傳來，前鎮、苓雅區，市區道路被炸開，塌陷成壕溝，不少人車被炸飛，沿路有五百戶民宅受損，街道一夜成廢墟，造成三十二人死亡，兩百七十七人受傷。

高雄市一時如人間煉獄，哭號喊叫聲四起。慈濟志工再次奔波助念、膚慰，輪班陪伴在失去親人的家屬身旁，挨家挨戶慰訪還在恐懼中的鄉親們。

老師們除了平日在課堂上引導同學虔誠祈禱，以因緣無常觀提醒同學行善要及時外，也準備好祈福卡，在祈福會的尾聲，讓同學們寫下對受災民眾祝福的話，獻在佛陀法相前。

祝福這次

「澎湖空難」

「高雄氣爆」

傷者早日康復……

同學雙手合十，虔誠、眞心地祈禱和祝福，呂玉龍從頭到尾都看在眼裏。這是一場撼動長官、同學、志工的祈福會，呂玉龍神情激動，向志工說：「想不到慈濟辦的『法會』是這麼莊嚴，感動人心。特別以『孝親』爲題，再次牽起收容人與家庭的關係，讓同學深刻體會到孝養父母該及時，反黑歸白就是唯一的孝親之道。」

此時，他終於了解慈濟是透過生活化、啓發性的故事與戲劇貼近同學的心。往後慈濟要辦活動，他轉爲積極配合，而且主動關心，協助準備器材等，讓李昌美團隊很安心。

第三章 渡

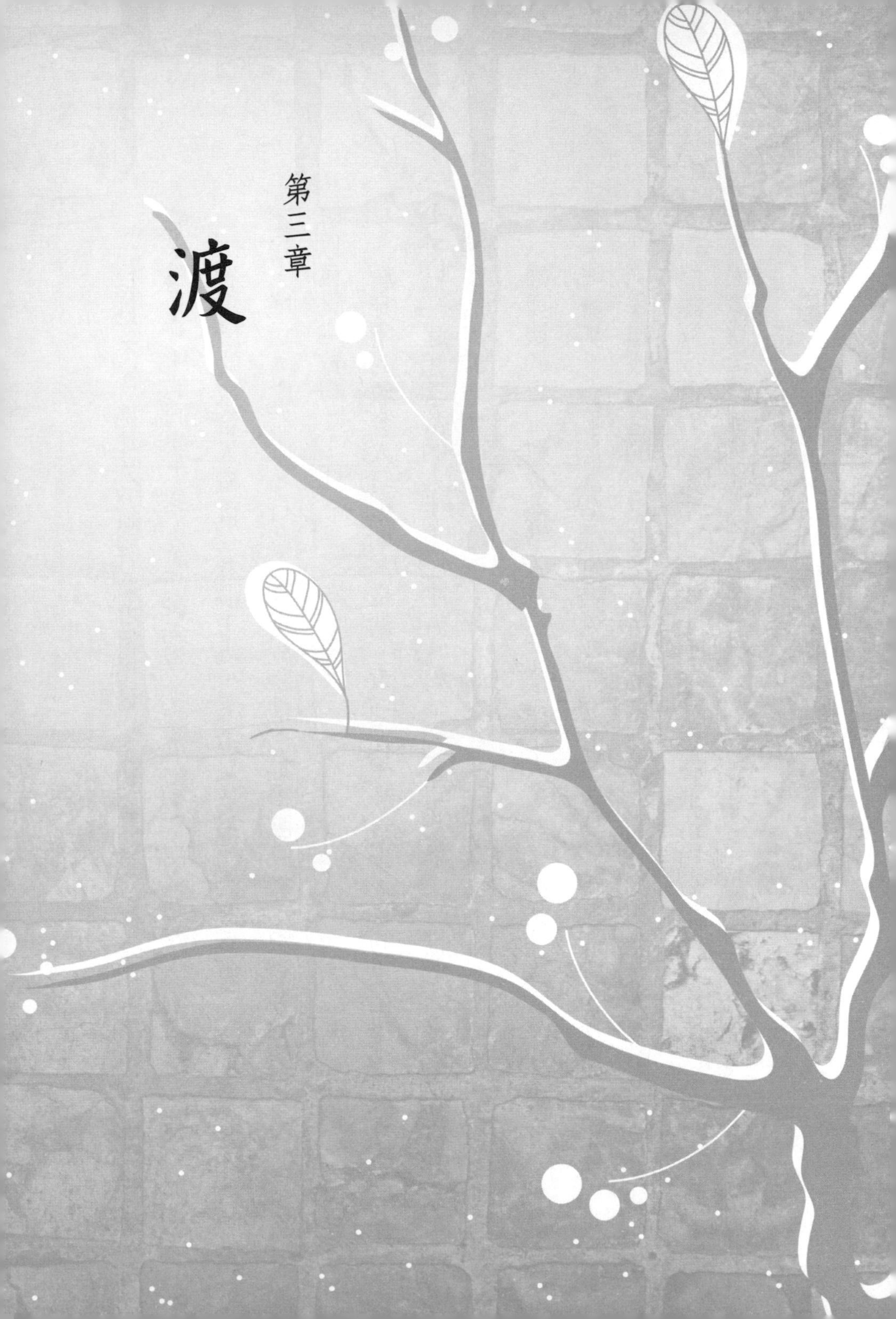

自從二〇一四年六月轉任到看守所後，王俊壹一直希望李昌美團隊也能來爲看守所的同學上課，然而新業務千頭萬緒，一切都還在摸索階段。

看守所的收容人編排在八個工場，人數是戒治所的四到五倍，師資不足，職員人數有限，行政工作已經讓他們忙得團團轉，沒有多餘人力可以負責「教誨」工作。

看守所的收容人有短期、長期、重刑犯和被告犯，有的年紀已經很大，歷經起起落落的人生，心中五味雜陳糾葛可想而知，他們需要的是一股正面的力量。

好與壞的界線難以被準確劃定，環境誘人，魔鬼細胞什麼時候在身體裏漸漸孵化成胚胎，豈是血肉之軀可以預知。王俊壹無時無刻不在設法爲同學尋找適合的心靈老師，「慈濟老師寬大的心胸和無私的奉獻，相信能讓同學們看到人生的曙光！」他珍惜在戒治所認識的慈濟人，也希望因緣能延續到看守所。

他曾經跟李昌美提起，到任後會馬上給她電話，然而看守所所長陳耀謙也是剛到任，不了解彼此的個性和作法，因此遲遲未給李昌美打電話。

「咦！奇怪了，王科長不是說希望我們去看守所辦活動嗎？怎麼都沒有消息？」李美燕很納悶。她籌畫的七月吉祥月活動，本來規畫同時在戒治所和看守所舉辦，可惜錯過了因緣。

王俊壹雖然希望李昌美團隊能爲看守所的同學上課，但他沒有把握陳耀謙所長會不會同意？「我總是要去問問，把慈濟老師在戒治所上課產生的效應讓他知道！」

王俊壹一五一十向所長報告後，陳耀謙立刻表示樂觀其成。

九月，李昌美終於接到王俊壹的電話邀約，「昌美老師，我想邀你們是不是也像在戒治所一樣，每週都來看守所爲同學上課？」

「我們整年度的活動都排滿了，恐怕不容易再抽出時間。」戒治所每週一次的課程，加上大型活動，已經讓老師們忙得昏頭轉向，如果每個星期再多加一項任務，李昌美擔心人力、體力、時間會負荷不了。

「眞的還是要請您幫忙，這些同學很需要慈濟人來關懷，包括我也很喜歡聽證嚴上人的開示教導，如果看守所的同學能一起來了解，那就太好了。」王俊壹這麼一說，李昌美心就軟了下來。

她突然想起一件讓自己很安慰的事——有一天早上，她在臺中市崇德路的新民商工站牌等車，忽然一部小貨車停到面前，還來不及回神看是怎麼回事，駕駛座的先生就喊著：「老師，早安！」

李昌美很自然地回應他：「好、好、好，你是哪所學校畢業的？」她教過無數的學生，一時之間實在認不出對方是誰，然而她很欣慰，出門就遇到學生，還這麼有禮貌。

「不好意思！我是培德大學畢業的啦！」戒治所的同學常常這樣自我調侃。

「培德大學？」李昌美思忖著似乎沒有這所大學？過一下子才意會

過來：「眞的喔！恭喜、恭喜，你現在要去哪裏？」車子旁印著斗大的「慈濟環保車」字樣，副駕駛座還坐了一位身穿灰衣的環保志工。李昌美還是覺得這件事太突然了，想從「學生」口中確認一下。

「老師，你不是告訴我們有朝一日重返社會，要從環保志工做起，來自我磨練嗎？我現在就是要和師兄去各個環保點載回收物啦！」

是的，在戒治所時，有許多同學聰明、年輕，草根性很強，就是因爲交到不好的朋友，誤入「毒窟」，無法自拔。李昌美常常鼓勵他們，一旦走出牢籠，到慈濟環保站從資源回收出發，從做善事開始，接觸良友，就比較不會再誤入歧途，有信心後重返社會也可以發揮良能，讓社會接納。

這一天，她比中了樂透還歡喜。當天晚上連睡覺都還回憶著白天的這件美事。之後每想起這一段「奇遇」，都會覺得很安心，所有的辛苦都是值得的。

她又憶起二〇〇八年接下戒治所關懷的那一念心，也因爲當初的一念心，影響到這位同學向善做環保。

「好吧，那我們就先試辦一場看看！」李昌美點頭答應王俊壹的邀請了。

這一天，李昌美和教聯會老師曾年燻一起來到看守所，了解上課的地點。「請問，這裏上課的場所會在什麼地方？」李昌美很注重境教，設備不一定要好，但是環境清靜會有加分的效果。

王俊壹帶他們參觀同學工作的地方，那是八個工場，分別生產不一樣的產品，同學就是裏面的作業員。

「這個場地悶熱，又吵雜，同學無法專心上課，效果會不好。可以再讓我們看其他場地嗎？」

王俊壹再帶他們去看大禮堂，李昌美一看就很滿意。王俊壹問：「昌美老師，那你們會多久進來上課一次？」

「您提供這麼好的場地，我們就一個月來辦一次大型活動！」

「辦活動，我們沒有經費喔！」王俊壹很高興聽到李昌美的承諾，但看守所實在沒有這筆預算，慈濟老師辦的活動場面大、每次又都發結緣品，他知道長期下來也是一筆不小的開銷。

「沒關係，您只要支持我們，我們就很高興了！」李昌美心想，自己平日也沒什麼大消費，花一點錢在這裏是值得的。

每個月追加一場大活動，雖然會讓老師們增加負擔，然而只要李昌美說一聲，幕後的老師群和李美燕的活動團隊都會鼎力相挺。

李昌美將這個好消息讓團隊知道，她提議，「不如這樣，因爲我們並不是每一週都進去看守所互動，來辦大型『生命講座』好了。」

但是已經快十月了，這麼倉促的時間，一時無法做大規模的規畫，她想到配合度最好的柯國壽。

「柯國壽有陪伴戒毒者的經驗，人生歷練也足夠，常常去戒治所幫我們的忙，由他來開頭應該很適合。」

「那我們先以〈普天三無〉的手語，收攝同學浮動不安的心。」李美燕心中已經有了活動流程和初步藍圖。

一起「漏氣求進步」

二〇一四年十月，教聯會老師和慈濟志工共二十四人，男眾領前，女眾隨後，浩浩蕩蕩，排列整齊，步入看守所。走過一關又一關的鐵門，每人的神情顯得輕安自在，不再像第一次去戒治所時的緊張，不疾不徐地一個接一個，遇見所內的職員都回以淺淺的微笑致敬。

一進入活動中心，前一天志工已經先來勘查場地了，桌椅也排列整齊等著同學入座。

「同學們，很高興第一次進來和大家互動。我們不是教化老師，也不懂得什麼大道理，只是帶著證嚴上人的慈悲和愛來，藉由歌曲、影片，讓各位在這裏能放鬆心情，度過寧靜、平和的兩個小時，好嗎？」李美燕先破題。

同學們從未上過像這樣一群穿著整齊的制服，年紀可以當自己媽媽、阿嬤或是阿公的「老師」的課，其中多半又是女性，溫婉、平和的態度，讓他們的確放鬆了不少。滿手、滿腳刺青的同學們，也時而對志工點頭或微笑，讓一些第一次進到看守所的志工，不再緊張。

「我們先欣賞慈濟老師和志工爲各位帶來的一首歌曲〈普天三無〉，旋律很簡單，你們可以跟著唱和比手語。」李美燕熱情地向同學們邀約。

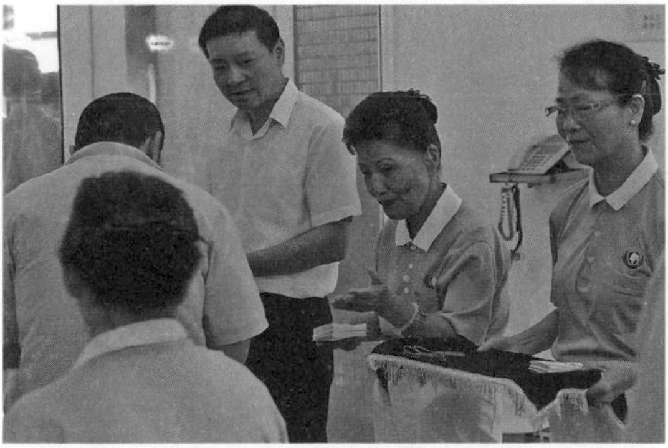

2014年10月15日，慈濟教聯會教師與志工們首度踏入臺中看守所，帶來手語表演及結緣品。（攝影者／彭東整）

普天下　沒有我不愛的人
普天下　沒有我不信任的人
普天之下　沒有我不原諒的人
心中煩惱埋怨憂愁　放下了……

〈普天三無〉的歌詞簡單而饒富意義，「將仇恨、煩惱、憂愁放下吧！」唱了兩遍後，王俊壹苦口婆心地向同學說：「大家來到這裏，已經很不得已，但是不得已又能怎麼辦？把心門打開吧，內心快樂，人生才會快樂，有感恩心才能有正向人生。」

有感恩心才能有正向的人生，說起來容易，做起來卻不簡單，柯國壽要告訴同學，自己是怎麼走過來的。

「同學們！大家好，我是慈濟志工柯國壽！」有著臺灣國語腔調的柯國壽，臉上堆滿笑容，一副憨厚、甘草味十足的鄰家哥哥模樣，打破第一次見面的陌生感。

「我雖然是慈濟志工，也曾經犯過錯喔！難得因緣，今日在這裏『漏氣求進步』，說出來，就是光明正大地懺悔，心裏面反而會舒坦！」他詼諧地以國語、閩南語「雙語」交替著講，同學們緊繃的表情也跟著鬆綁了。

「這位『老師』很特別，以爲是要來教誨我們的，卻先說自己也犯過錯！」有的同學感覺這樣的「老師」很奇特。

慈濟志工柯國壽草根十足地分享自己勇於認錯，找回正向人生的過程。（攝影者／彭東整）

「人生誰無錯，知錯要能改，從頭、從心做起，才能品嘗回甘人生味！」柯國壽以如父又如兄的語氣，一開頭就先鼓勵同學，人只要肯認錯、肯懺悔，都是可被原諒，可被社會接受的人。

他說，自己當年也曾經迷茫過，因爲少年得志，在不好的環境薰習之下，不懂得感恩，不知寬容員工，不會善待妻子兒女，脾氣暴躁，搞得家庭氣氛緊綳，家人難過，自己也痛苦。

「因緣際會，接觸慈濟，才知道福是做來的，生活若簡樸，人生就幸福。做錯事，唯有懺悔才能洗淨罪業，不受苦報再輪迴。學習感恩心，撥開煩惱，除去陰霾，瀕臨破碎的家，因爲我的虔誠和及時懺悔，才能保有一個家的圓滿。」

柯國壽講得貼切，同學深深覺得臺上的老師，不像在「教訓人」，倒像在說他的人生故事，貼近現實生活，大家聽得很入神。

他接著說出自己做志工當下的收穫：「走入慈濟後，才深深體會，女怕嫁錯郎，男怕選錯行，一步若走差，千步錯。慈濟志工守『十戒』去習氣，把戒律放在心中，就是在身上貼著一張『無事牌』，我現在做環保，體會付出無所求，眞的很快樂！」

一場一個多小時的演講，掌聲響亮、笑聲多，最後的掌聲更是如雷貫耳，愈來愈響，在場旁聽的王俊壹高興得合不攏嘴。

有位劉同學事後向志工說，柯國壽的人生跟他自己的故事，在某方面有些相似，「如果早一點知道這些道理，一個想法改變，應該就不會來這邊了；凡事都在一念間，心念轉個彎，世界就大不同。」

林同學也感慨地向志工吐露心聲：「內心有滿滿的遺憾，『樹欲靜而風不止，子欲養而親不待』。」原來在他進來看守所不久，父親就往生了，自己做錯事，讓家人從大老遠來探視，很過意不去。

母親告訴他，「爸爸走了，可能下次連媽媽也不見了！」林同學哽咽地說：「聽了心很酸，心很酸！我做兒子時不孝，現在為人父又沒有盡到做父親的責任。」

志工安慰他，即使心中有無限的慨嘆，唯一能做的就是把握當下，在監所內好好服完刑期，好好表現，就能早一點回去盡人子孝道和盡父親的責任。

副所長杜聰典在會後與慈濟志工座談，談及對所內同學抱持高度的期許：「希望同學皆能省悟，珍惜身體、生命，藉由他人成功的故事學習，認真打算未來出去後的人生方向。」他眞誠希望慈濟志工能有更多因緣在看守所扎根。

王俊壹聽到同學眞誠的回饋，可見這樣的生命講座，比一般教條式的演講還奏效，他期待每個月的「生命講座」能夠持續。

「心頭抓乎定」是第一步

柯國壽的分享引起廣大的迴響，讓李昌美信心遽增，但是下個月晃眼就要來到，如果籌畫的時間過短，怕會辜負看守所長官的期待。

「我們一定要去跟他們談好，不要讓時間壓得那麼緊。」李美燕向李昌美提議每個月的第三個星期三，進去看守所與王俊壹討論下一個月的活動內容。

十月份的活動，陳耀謙所長因爲公務忙碌，沒有出席。這一天，李昌美和曾年燻由王俊壹陪同，到所長辦公室拜訪。

李昌美簡單地向他報告，十一月份的活動將邀請更生人高肇良爲同學分享。

「我聽過高肇良，在屏東的時候，他也去過我們看守所演講。」陳所長回應著。

李昌美進一步說明，每個月的「生命講座」，會安排不同主題，配合不同的志工來演講。李美燕也主動向陳所長提到，下次的活動主題，還是會融入證嚴法師的理念「普天三無」。

「如果沒有上人的『普天三無』理念，我們絕對沒有勇氣走進戒治所和看守所。每個人都會犯錯，但是上人常常對我們開示：『普天之下，沒有我不愛的人，沒有我不信任的人，沒有我不原諒的人』……」

李美燕口才好，說起證嚴法師的理念，滔滔不絕。「就是因爲上人『普天三無』的理念，李昌美老師才會鍥而不捨，而且堅持活動一定要辦下去。」

她們向陳耀謙報告，邀請高肇良分享反黑爲白的故事，也是爲了讓同學了解，「只要下決心改變，照樣可以翻轉人生。」

陳耀謙頻頻點頭，對這群慈濟人四處奔走，走入監獄、看守所和戒治所輔導同學，且付出無所求的精神，感到非常敬佩。

陳耀謙公事繁忙，但十一月活動當天一早，他就走進禮堂，鼓勵現場兩百多位同學：「心中有善念，社會就不會有動盪；如果是小惡不息，社會就會衝突不斷……不要辜負社會、家人的期望，希望大家以慈濟人爲榜樣，將愛、將善擺在心中，出去以後步步踏實走。」

接著高肇良上場，一開頭就說：「同學們，大家好！各位看，我現在是慈濟的師兄，可是我也曾經跟你們一樣，出出入入監獄多次哪！」

同學睜大眼睛，很明顯地有人張開嘴巴，好像在說：「啊？哪有可能？」

高肇良繼續說：「我是彰化人，爸媽是農民，農村家庭的生活環境很純樸。求學時期不愛讀書，國中被分到放牛班，整天到處鬼混、打架、鬧事。有一次，朋友從家中拿到安非他命，我們一群人覺得好酷、好新奇，在好奇心的驅使下，吸毒了……」同學聽他的敘述，心裏在想，和自己的境遇很相像。

他又繼續往下說，自己年輕時，因爲「想跟別人不一樣」，禁不起同學的誘惑，開始接觸了毒品。「那一段終日與毒爲伍的荒唐歲月，進進出出監獄，不僅傷透父母心，更讓家人蒙羞。」

他說，自己高中念不到兩個月，就因打架、曠課被退學。後來去當學徒，在沙發工廠工作，雖然自己聰明，學什麼像什麼，做沙發的技術比其他人好，薪水也比別人高，還曾經想創業開沙發工廠，但因嗜毒很深，賺來的錢百分之七十都拿去買毒品，只好把工廠收起來，自己也鋃鐺入獄，過著暗無天日的生活……

「媽媽為了不讓我出去與毒友在一起，花了一筆錢請人特製鐵門想要關住我，可是我還是從鐵門下送飯的小門鑽出去了。當時我瘦成四十公斤，儘管鑽出去並不容易，我還是想方設法鑽了出去。鐵門關不住我，母親對我的擔憂日益增加，就連姪女也說：『叔叔為什麼要當壞人？』」

「三十一歲那年，父親血癌住院，住院半年期間，我又被抓回監獄，後來在獄中接到父親離世的噩耗，弟弟對著我吼叫：『為什麼想活的救不了？能活的卻往死路走？』我戴著手銬腳鐐回家奔喪，鄰居對我指指點點，因為喪父之痛，更想用毒品麻痺自己，吸食海洛因後，跳上機車，在路上疾駛，還來不及反應，就撞上了一輛小貨車……」

高肇良說，父親為他牽掛一輩子，直到離世，都沒有機會過上好日子。為此，他在獄中靜下心開始閱讀佛教書籍，也從《慈濟》月刊看到證嚴法師的悲心，從《在藍天的懷裏，甦醒》一書中看到更生人蔡天勝的故事。

「蔡天勝能轉變他的人生，我應該也可以，於是有了當志工回饋社會的念頭，便寫信給蔡天勝，說明出獄後，希望能夠像他一樣成爲慈濟志工。」

高肇良曾經對著獄中同學發願：「走出這一步後，再回來這裏時，我要穿著慈濟制服進來。」同學還笑他，「是不是頭殼壞掉了，怎麼可能？」外面險境重重，很容易就會再被「毒友」誘引，馬上又回籠。來來回回，同學們心知肚明，總認爲他要「從良」，重新過生活是再困難也不過了。

2014年11月12日，慈濟志工高肇良現身說法，述說自己迷茫年少，如何戒毒行善，翻轉人生的故事。（攝影者／彭東鏊）

「我三十五歲出獄後，先到臺中找到沙發工廠的工作，經慈濟志工蔡天勝的接引，踏入慈濟，才有今天的我站在這裏和大家分享。我發願要到各監獄院所、學校機關分享，將我過去的無明與無知說出來，讓年輕人了解毒品的厲害，千萬碰不得。你們現在就是以前的我，但不要灰心，只要發願重新過生活，發願幫助人，一定會有貴人相助，菩薩也會聽到你們的心聲！」

高肇良有蔡天勝的陪伴，遠離過去的環境，主要也是他一心想改變。有五年的時間，他做環保、訪貧、關懷獨居長者，只要慈濟有勤務，都分秒不空過地接著做，有做就有體會。

「慈濟轉變我的人生，讓我的人生重來，當年我所發的願，我做到了！」高肇良再強調說，他不是來說慈濟有多好，而是要讓大家知道慈濟改變了他，他也改變了自己。

這個活生生的例子，擺在兩百多位同學的面前，千眞萬確。高肇良受證爲慈濟人後，組織更生人關懷團隊，陪他們做環保，學一技之長，雖然辛苦，但腳踏實地靠勞力賺錢，雖然錢不多，但心安理得，安心睡、日子不惶恐。

他也邀來已加入慈誠培訓的陳業江，分享自身的「毒」故事。五十幾歲的陳業江，出獄後專心幫人種田，晒得很黑，但非常快樂。當年，父親留一大筆遺產給他，卻因想要賺更多而去販毒、吸毒，多次出入監獄，現在終於體會到知足才是最大富。

陳業江呼籲同學們：「這社會多一個善人不怎樣，但是多了一個壞人是差很多喔！」他鼓勵同學們多念佛懺悔，將來踏出去的第一步，就是要「心頭抓乎定（心要定）」。

此時，現場音樂輕輕響起，「感謝天，感謝地，感謝阿娘甲老爸，感謝你，感謝伊，感謝恁所賜的一切……」

高肇良、陳業江走入人群中，一一與同學們握手、擁抱，「小弟我可以，大哥們，你們一定也可以！」許多同學眼裏含著淚水，有的偷偷地拭淚。

「感謝每一個人，每一個日子，乎我平平安安、歡歡喜喜，感謝萬物，無論大甲細……」高肇良和陳業江帶動全場同學一起唱，感恩、愛的細胞都被啓發了起來。

一位剛通過假釋申請的洪同學，十年來因接觸毒品進進出出監獄，聽高肇良一席話，感受特別深。他向志工說：「高師兄以過來人的經驗現身說法，讓我想到家裏父母也是有年紀了，不能再這樣糊塗下去了，出去以後我會先照顧好雙親，再好好規畫怎麼走下一步。」

身材壯碩、才三十歲的蔡同學，覺得應該要好好面對自己的人生，不能再讓家人傷心難過。「我有跟高師兄相同的處境，在服刑中也曾面臨家人過世，手銬腳鐐引人側目，眞的對家人很愧疚。行孝行善不能等，我會聽高師兄的建議，遠離以前那些朋友，斷得乾淨，不再渾沌下去，感覺很沒有意義。」

還有很多同學是從頭到尾張大眼睛，沈靜聆聽。高肇良、陳業江的翻轉人生對他們有很大的啓發，「我是不是也可以像他們一樣，出去後得到社會的肯定？我有沒有足夠勇氣，像他們一樣堅持做好事？」雖然同學腦海裏仍有很多疑問盤旋，但是看到眼前活生生的例子，眞眞實實的分享，心裏面踏實了許多。

陳耀謙所長在將近兩個小時的活動中都沒有離席，他很感恩慈濟人願意跨越圍牆，散播善知識，引導同學們懺悔、去習氣，開啓新的

「小弟我可以，大哥您們一定也可以。」慈濟志工陳業江一一和同學們握手與擁抱。（攝影者／彭東整）

人生，並呼籲同學們，一個念頭可以改變一生一世，意志力要放在好的地方。

才辦了兩場生命講座，就引起這麼大的迴響，不只是慈濟老師們很興奮，王俊壹更是樂得再向李昌美提出請求：「那是不是歲末祝福也請您……」

以「親情」喚醒「迷情」

李昌美想要邀約曾經在戒治所分享「親情」，引起廣大迴響的陳阿桃在歲末祝福中分享。陳耀謙對陳阿桃並不熟悉，李美燕找了些資料讓他參考。

「『親情』這個題目很好啊！我是臺南人，媽媽對上人很尊敬，她

陳耀謙所長鼓勵同學們，一個念頭可以改變一生一世，意志力一定要放在好的地方，才能開啓新的人生。（攝影者／彭東整）

生前曾經跟我說，這一生最大的期待就是我能夠追隨上人的腳步……」陳耀謙提到母親，話匣子一下子打開了，好像遇到知音。

陳耀謙生長在一個很注重倫理道德的家庭。母親過世不久，事母至孝的他，一直很思念。他眼眶泛紅說：「母親從小教導我要勤儉、兄友弟恭，兄弟姊妹要互愛互敬，我們家是一個很傳統、很注重孝道的家庭。上人常說『行善行孝不能等』，所以我會把握因緣的，而且我知道慈濟在辦活動時，前置作業都會做得很好，讓我們很放心！」

聽到所長提及媽媽的教育理念，李美燕心有所感與證嚴法師的教育理念相符，她說：「上人要求的不是成績，而是全人教育，人人都有他的良能，這裏的同學也是每個人都有專長，他們如果走對方向，個個都是人才；走偏了，才會進來。」

李昌美接著說：「是啊，人格成，佛格就成，所長這麼孝順，一定會是同學們的好榜樣。我們一起努力，帶給同學更多的精神資糧，讓他們將來出去後，不會再回籠。」李昌美滿意地笑著，能遇到一位孝順又有愛心的所長，她爲同學們感到很安慰。

彼此的理念相同，王俊壹更是高興得不得了，沒想到所長對慈濟的了解比自己還透徹。

身在輔導科，他盡量想辦法安排更多教化課程給同學，只是無奈人手不足，能做的有限，李昌美團隊的贊助和所長的支持，讓他信心倍增。王俊壹很興奮地向李昌美老師說：「接下來，我們就可以安心往前，大步邁進了！」

慈濟每一年的社區歲末祝福都有一部經藏演繹，二〇一四年演繹的是《三十七助道品》中的「四念處」——「觀身不淨、觀受是苦、觀心無常、觀法無我」，這是學佛基本的自我認識和修爲。

歲末祝福計畫於十二月十八日和二十五日，分別在看守所和戒治所舉辦。王俊壹找了十幾位同學參與演繹，由李美燕先向同學們解釋經文的涵義。

「我們先來念一遍『觀身不淨』的偈文！」

「人生在世幾十年，何必斤斤來計較；了解自我入經藏，天堂地獄在瞬間；九孔常流不淨物，色身猶為載道器；身懷寶藏不相識，轉汙染爲清淨身。」

李美燕解釋經文的大意，「我們通常會覺得身體洗乾淨了，應該就是乾淨無染的，殊不知我們身體的九孔常流出不潔之物，即使表面洗得很乾淨，體內的細胞隨時在代謝、排泄，一旦身體產生不好的變化，如生病、流汗或咳嗽出來的痰液等，都是髒汙的代謝物。所以要自我觀照，身體其實是不淨的，也就是要多提升心靈的成長，而不是計較在『自我』的小範圍裏。」

李美燕又說：「『觀受是苦』，心念的喜怒哀樂，人生有愛憎苦、病苦、別離苦，很多煩惱纏縛著我們的內心，隨時都感到很苦。你們在這裏，出不去，很苦對不對？可是當初，也有可能得不到想要的東西，也很苦。因爲忍不下那個苦，所以進來了！」

她剖析給同學聽，既然現在知道這一切都是苦，就要「離苦」，希望大家在練習唱誦偈文時，能感受其中的意義，進而體悟到既然一切都是苦，就要減少欲望，心才會自在。

「『觀心無常』，就是在解釋前面那兩種自我觀察，因爲這一顆心在一秒內就會千變萬化，比光速還要快。心如一匹脫韁的野馬，抓不住、套不牢，要管好我們的心，才不會被意念拖著走，患得患失。所以說『觀法無我』，沒有『我』，就不會因爲『我』而去犯錯。」

人生嘆苦苦何在　親身入苦去感受

用心來觀受是苦　才能了解何謂苦

浮生如夢可成真　苦樂憂欣總是幻……

有色無色皆是法　眾生皆為法所困

2014 年 12 月 18、25 日，三十多位慈濟志工和教聯會老師，為臺中看守所及戒治所內的同學舉辦歲末祝福感恩會。（攝影者／彭東整）

將近兩百位同學們在慈濟志工的陪伴下，與臺上演繹同學相呼應。（攝影者／彭東整）

六根六塵蔽真心　莫使無明驢亂意
磨磚焉能做明鏡　自家寶藏善珍攝
透徹宇宙萬物理　觀法無我唯心造

隨著音樂，同學們逐漸熟悉了歌詞……

入夜了，位處大肚山旁的看守所，時而從夜間舍房傳來歌聲。寧靜的夜裏，佛音曲調、歌聲陣陣，反覆再反覆，陸續從舍房飄來，讓夜更加平靜，洗滌同學們一天的塵勞，安住同學的心，不再浮誇、躁動，就如天堂般的淨土。

誰說修行難？唯在一念心，在一個「境」字，同學身不由己被境所轉而暫離家園，慈濟志工期待他們在反覆練習手語的過程中，體會人生無常，欲望是苦，唯有降低欲望，好好地如實過生活，才是踏實的人生。

歲末祝福時，同學們琅琅上口念著經文，臉龐柔和、莊嚴，展現有力道的手語，讓王俊壹很震撼。他不敢相信自己的眼睛，「臺上的這一群演繹者，竟是我們的同學們！」

佛法的力量，真的能度化迷途羔羊，從此岸到彼岸。他向採訪的志工分享：「感恩這一群藍天白雲志工，把上人的愛與善念帶進看守所，在同學的心中種下一顆行善的心，他們所做的一切太令我感動了，太感恩了。」

陳耀謙所長也看到同學們的投入和用心。他說：「從來沒有一個團體像昌美老師等人這麼積極、熱心，辦活動一切都準備得很完善，一點都沒麻煩到我們，不耽誤我們辦公，還事事尊重我們、跟我們商量好才進行，太感動了！」

陳耀謙對陳阿桃懺悔自己年輕時沈迷於大家樂、傷透媽媽的心，也對婆婆不孝，等到後來醒悟了，母親已經不在人世間，一切已太晚時，勾起他對母親的思念，心有戚戚焉！

他向李昌美、李美燕說：「是的，親情不是金錢可以買得到的，時間是不等人的，希望同學們有一天眞的能醒悟，及時行善報答父母恩。」

三十六歲的吳同學，因爲販毒進入看守所已經兩年，太太因屢勸他不聽，而選擇結束生命。他內心的自責與愧疚不安，一直縈繞在心頭。然而在看守所裏，插翅也難飛，身不由己，最放不下的就是兩個孩子。

了解「四念處」的經文意義後，吳同學臉上滿是愧疚，對著志工說出心中的苦：「這一切都是我闖下的大禍，只因爲自私，無法克制欲望，才會犯下不可原諒的錯。」他很感恩慈濟人時常來關懷，讓許多與他一樣進出囹圄的同學，開始思考如何面對出去後的人生，「我不敢奢求能加入慈濟的行列，但是如果可以的話，希望也能盡我一點點力量，去幫助別人。」

第四章 悟

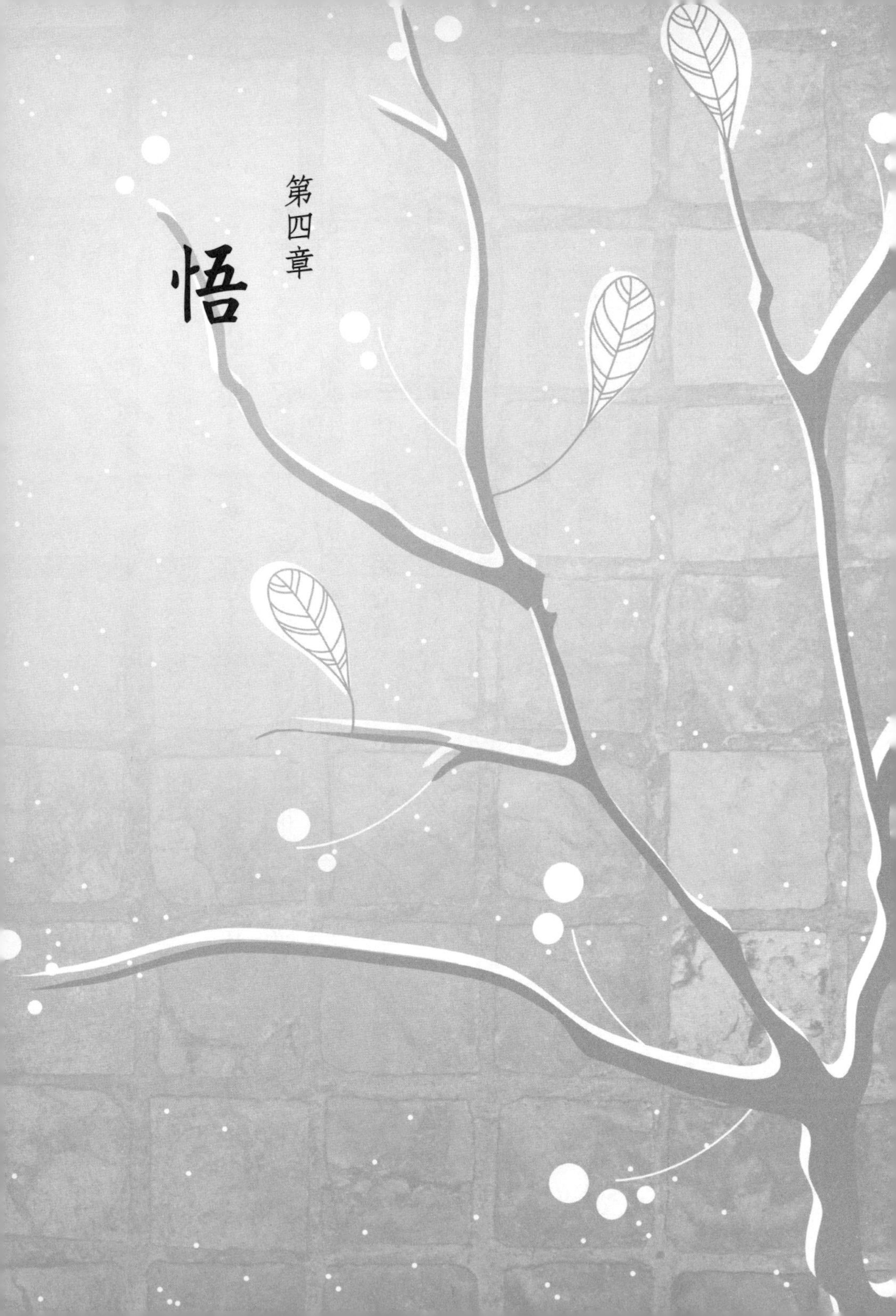

同學們的心變柔軟，是來自長時間與慈濟老師的互動，而老師手上的法寶，就是證嚴法師精闢簡短的法語——「靜思語」。

平日上課時，楊淑英老師手上總有一把「靜思語」卡片，哪位同學勇敢分享，或是認眞比手語、唱歌，她都不吝惜地送上一張。卡片上有志工畫的插圖或墨寶，同學們拿到時，如獲至寶，捧在手心，念念有詞。

「靜思語」在一方乾涸的心靈，注入一滴清泉，時而拿出品嘗字裏行間的意義，是指引人生的良藥。

李昌美亦視「靜思語」爲圭臬，在她的人生轉折處，「靜思語」始終爲伴，她拿它來教學，也用來教育自己。

雖然從事教職，李昌美年輕時卻不只教書，也企圖做生意、炒做房地產等。曾經很迷信的她，遭遇人生、事業瓶頸時，便四處去拜神、抽籤詩，大把大把的鈔票就在求神問卜中耗費掉。

父親往生時，留給他們兄弟姊妹每人一筆錢。李昌美的經濟狀況過得去，本無意收下這筆錢，但是若沒收下，姊妹們也不敢拿，所以她向父親許諾說：「我若拿了這筆錢，就幫您做功德！」

她以爲求一張符咒，可以保萬事太平，保父親升天享福，保全家老小平安，於是花三、四十萬去畫一張符咒，眼睛眨也不眨；安一個神位耗資四、五十萬，也不心疼，白花花的錢就這樣被神棍一騙二哄地差不多快散光了。

女兒實在看不過去，好言勸說：「媽媽，我覺得您那樣做，不一定能改變什麼！您不必去花那個錢。」

後來，李昌美接觸到慈濟，先生更是反對，怕她出家去。當年，她隨先生的職務調動，定居紐西蘭時，自我推薦在奧克蘭慈濟會所推動「靜思語」教學，成效斐然。

後來，漢彌頓的慈濟志工葉志忠，請李昌美到他們會所去推動「靜思語」教學，先生捨不得她離開，擔心她愈「專」愈深入，會不顧家庭、遠離紅塵，便極力阻擋。兩人溝通不來，意見不合，吵翻了天，婚姻亮起了紅燈。

「怎麼辦啊？我先生不答應，還說我執迷不悟，硬要去漢彌頓的話，就要跟我離婚！」

清官難斷家務事，葉志忠沒有信心說服李昌美的先生，或教她怎麼做，只告訴她：「你去翻上人的著作《三十七助道品》吧！」李昌美果眞去翻書，翻到了「正定」，好像冥冥中提醒她，此時此刻唯有定心凝神、冷靜處理，才不至於鬧家庭革命，做好事更應該要有智慧。

李昌美審愼思考後，爲了顧全家業與志業，選擇奧克蘭與漢彌頓兩地來回奔跑，爲的是推動「靜思語」教學，能落實於紐西蘭當地。

慢慢地，先生不再對她做慈濟有微詞。她領悟，「就是『正定』打開我內心那一扇窗的！」當下眞正體會到證嚴法師常說的：「做好事要讓家人安心，才會做得自在。」

「靜思語」短短幾個字，說生活道理、講佛學智慧，李昌美和其他慈濟人一樣，常常抽「靜思語」當作抽籤，一抽，「哇！好準喔！跟我現在的心情、想法怎麼這麼吻合？」

李昌美、楊淑英也常拿「靜思語」書籤讓同學們抽。不少同學一抽，總是呆呆地看著。這時，老師們心知肚明，一定是抽中了。

當年，李昌美加入教聯會後，在班上推動「靜思語」教學。她是一位要求嚴格的老師，對孩子的聲色不算很好，爲了怕說錯話，壞了老師形象，乾脆盡量少說話。

有一次，她回花蓮參加慈濟營隊，聽到證嚴法師對眾開示：「話多不如話少，話少不如話好！」

「啊！我原來可以講話，不是不能講啊，但就是要說好話！」自此，李昌美日日以「靜思語」提醒自己要口說好話，對己、對學生、對家人、對朋友，一句好話就是祝福，結善緣。

「靜思語」在她人生跌至谷底、教學遇到障礙、婚姻出現問題時，拉了她一把！李昌美很喜歡「靜思小語」短短的句子，好記、切實際，比如「多做多得，少做多失」，讓她有感這一生的好命，就是因爲過去生積下福德，因而進入慈濟後，她不敢懈怠，把握機會一直做。

心靈補給，潛移默化

人生遇到困境時，「靜思語」就如一盞明燈，是與同學互動時最好的溝通橋梁。進入慈濟，李昌美不再迷信，深信「靜思語」可以給她許多的啓發，愛屋及烏，希望同學也能擁有。

二〇一五年初，臺中慈濟榮董團隊召集人紀邦杰醫師，發起送「靜思語」木匾到學校和機構的善舉，李昌美知道後，認爲是一個大好機會。「如果將木匾懸掛在同學經過的地方，隨時隨地都可以看到好話，心靈補給，無形中會有潛移默化的影響。」

「啓哲老師，我想請你們提供『靜思語』木匾給戒治所和看守所。」

「好啊，各給你們兩片！」黃啓哲以爲李昌美只是要一、兩片給所內的長官，掛在辦公室罷了。

「兩片怎麼夠？給我們三十六片好嗎？」

「三十六片？我這裏沒有這麼多啊！」黃啓哲手頭上的木匾，的確所剩不多。這些木匾是紀邦杰醫師一個一個募來的，剛開始只是計畫送到各個學校，由教師退休的黃啓哲爲代言人，代表分享證嚴法師的教育理念，「天下沒有教不好的孩子，只有不用心的父母和師長。」

慈濟志工和教師們，在臺中戒治所分享「靜思語」，盼望一句好話，成就一個善念。（攝影者／彭東整）

孩子的心是一畝田，師長如同農夫，只要用心耕耘，孩子的心田就不會長出雜草。李昌美對戒治所、看守所同學的心念也是一樣，同學的心是因爲受到周遭環境的影響，蒙蔽了本性，導致他們徬徨，沒有方向，內心長滿雜草。

她相信如果同學能在生活範圍內，日日看到「靜思語」好話，以境教來澆灌，一定能滌除內心的雜草，善的幼苗就會早些發芽茁壯。

慈悲的紀邦杰醫師，又募來三十六片木匾給李昌美，分送到戒治所和看守所。紀邦杰向所長陳耀謙致意說：「是你們打開了善門，我們才能進來！」

「我們常常看到同學感動得流淚，所以再辛苦都要繼續做下去！」陳耀謙很訝異慈濟人帶來這麼好的禮物，也贊同李昌美說的「境教」，每個同學的本性都是善良的，只因爲接觸到壞環境，把持不住而受誘惑，才一而再、再而三地犯錯。

陳耀謙立即讓同仁們將「靜思語」木匾沿著廊道懸掛起來，讓同學時時能看到，作爲思想和行爲的依止。

戒治所的李同學，在法務部矯正署的網站上，投稿了一篇心得，題目是：「放下就是幸福！」

每個人在人生不同階段都會扮演不同角色，盡不同的本分，而這些經歷過程，都是看自己要用什麼態度去面對。

三年多了，每天清晨睜開眼時，必須透過鐵窗才能看到晨曦及陽光時，那種感覺油然心生。回想過往種種，實在悔不當初，當心情無法平撫時，打開了這本書——《放下就是幸福》，按照內容對自己做了測驗，發現裏面的一半偈語，自己竟都沒做到，更是不及格，不過從正面角度去想，懂得成長永遠不嫌晚。畢竟每一天都是做人的開始，每個問題都是對自己的好警惕！

回想進入監所的第一天，牆上掛了一篇「靜思語」，真的講到心坎裏，自己就是遇到問題不去面對卻選擇逃避，才會造就如此局面嗎？

不過這也提醒我，人生一直停滯在過去，就會產生執著顧戀之心，時時刻刻回憶過往，就會有更多怨恨及不甘，而真正能放下才能勇於捨得。雖然要完全實踐及改變或許有困難，畢竟以前農夫都說，麥糠搓成繩，開始最難！不過生活就如同修行是永恆的功課，就如做事，亦要經過無數次的磨練，這才是人生的中庸之道！

在囹圄中的同學都有不為人知的故事，而裏頭涵蓋著生活不滿足、工作不順心、情感失去慰藉、老天的不公平，聆聽完後只有一個結論就是離不開貪、瞋、癡的枷鎖，自己也不例外，有些人最後更過著隨波逐流的生活，與幸福背道而馳！

假如我們都可以把想要不超過需要，把人生藍圖歸化成簡單又正向的話，少欲又知足，生活上便沒有什麼值得計較，不是嗎？而真正的煩惱，並非以人的生活物質為標準，而是以知足常樂為中心。就如同人若不知足，就會淪陷於煩惱之中，揮之不去。

《靜思語》從一九八九年首次出版以來，影響千千、萬萬的人。人們面對實際生活，遇到一些難以解決的困擾，事理無法圓融的境遇，甚至日常生活中，微小的細節也會將人絆倒，證嚴法師的《靜思語》提供了生活中最深切的指引。

李昌美覺得這麼好的書，一定要分享出去，讓人人跟她一樣，從《靜思語》一書得到啓發。雖然，教聯會老師都已準備印有「靜思語」的卡片、心型祝福卡與同學或長官結緣，但是她思考：「那小小的一張，拿一拿、捏一捏可能就掉了，沒有持久性，沒辦法一輩子保存；如果能送他們一本《靜思語》，他們將會永生難忘。」

有一次，遇到在監所擔任觀護老師的慈濟志工范筑茹，李昌美就緊抓機會說明：「我想送給臺中戒治所和看守所的同學《靜思語》，找黃靜貽來協助募款，您覺得怎麼樣？」

「不用啦，我們樹林團隊來處理就好！」范筑茹答應得很爽快。

「不過，我想送精裝本，看起來更有價值感，要送就送最好的！」李昌美提醒她，因爲精裝本價格不低。

范筑茹再次肯定地回答：「沒問題，一切交給樹林團隊處理就好。」其實是范筑茹運用自己的人脈，向朋友、志工募書。她知道《靜思語》是證嚴法師的智慧法語，翻譯成不同的語言，贈送到全世界各地的飯店、監獄。范筑茹甚至拿它代替喜餅，作爲嫁女兒贈送親友的禮品。她也常到監獄當講師，以「靜思語」啓發一時迷茫的受刑人，期望他們找回自己善良的本性。

李昌美好高興，沒想到遇到貴人助她一臂之力，於是率先拋磚引玉說：「我自己捐三十本！」

范筑茹和長期在監所當教化志工的陳秀琇，知道李昌美領導教聯會老師們，長時間在臺中戒治所和看守所付出心力，如遇知音，立即著手幫忙募書。

一九九〇年，陳秀琇在臺中聽到證嚴法師開示提到，一位典獄長表示監獄已經不夠使用，需要再蓋監獄。法師聽完感慨回答：「希望能多蓋學校，不要多蓋監獄；因爲眾生不入監獄，就不入地獄。」

事後，法師鼓勵慈濟人要化導眾生迷茫的心靈，加快腳步淨化人心，體貼地藏王菩薩「地獄不空，誓不成佛」的大願，讓地藏菩薩圓滿心願早日成佛。

陳秀琇聽完這一番話後，發願「愛灑監獄」，開始將法師的善法和「靜思語」帶入監獄，每季開辦「幸福人生講座」，向收容人分享社會賢達的處世之道；每年歲末邀約慈濟志工團隊關懷收容人，鼓勵他們碰到人生關卡、走不過去時，時時口說好話、心想好意、手做好事、腳走好路，學習正向思考，迎向幸福人生。如此，二十餘年教化服務不問斷。

改變思維，翻轉人生

二〇一五年三月，四十位志工和教聯會老師精神昂揚，馳車轉入看守所前的林蔭大道，兩旁蓊鬱的枝葉，經一場春雨灑淨後，生氣盎然。

冬去春來，四季遞嬗，又是春耕的好時節。李昌美自從二〇〇八年啓動戒治所關懷，二〇一四年延伸到看守所，已經進入第八個年頭。她的雙頰始終帶著微笑，在和煦的春陽照拂下，容光煥發，付出的喜悅讓她比實際年齡年輕了許多。

這天，他們要來贈送《靜思語》好書。一行人浩浩蕩蕩穿過一道又一道的鐵門，廊道上兩側的「靜思語」木匾，立即吸引志工的目光，「哇！掛上去了，這樣同學們每天經過，可以看到『靜思語』了！」

「是啊，多多少少都會有影響哪！」

「是的，境教！」李昌美加上這麼一句。

窗前有一本書，指引一段旅途，

天黑時為我點燈，迷霧中為我帶路，
書裏每一句話，開出一朵蓮花，
困惑時替我解答，執著時教我領悟……

輕輕柔柔的音樂響起，〈讀靜思語〉由同學們口中唱出，加上手語，歌聲從大禮堂緩緩飄送而出，沁入人心坎，調和迷亂的心。

同學自剪一匹羊咩咩春花，懸掛在舞臺上，提字「大地回春　羊首迎新」，簡單的布置，新春的喜氣猶存。陳耀謙所長代表接受慈濟志工的贈書，也頒發感謝狀感恩志工的發心。

他說：「同學們，慈濟老師們今天特別送給你們一樣非常珍貴的禮物，一本好書。我們都知道，一句好話可以改變人的一生，希望同學們要珍惜這一本證嚴上人

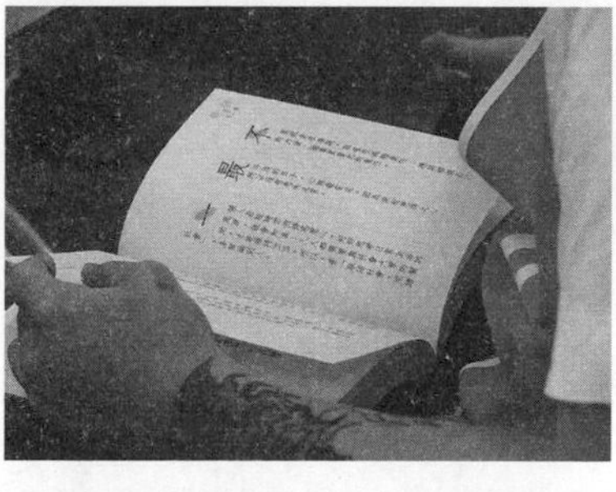

2015 年 3 月 18 日，慈濟志工至臺中看守所致贈典藏版《靜思語》。（攝影者／洪素琴）

的《靜思語》，期盼假以時日，善的種子在各位的心中萌芽……」

陳所長懇切地告訴同學：「證嚴上人當年發的願至今都沒有改變，他爲臺灣、爲全世界做得太多了。希望各位有機會能多了解慈濟。」

同行的范筑茹和陳秀琇能來臺中爲同學盡一分心力，深感與有榮焉。

來自臺北的范筑茹師姊是觀護老師，鼓勵大家要把握因緣為人群付出。（攝影者／彭東整）

大愛劇場《手心外的天空》本尊陳秀琇，向同學說：「《靜思語》是送給各位的『畢業禮物』，祝福你們早日走出陰霾，迎向陽光！」（攝影者／洪素琴）

陳秀琇向同學說：「『不要小看自己，人有無限可能』，這是《靜思語》書中的一句話，這本書當作送給各位的『畢業禮物』，祝福你們早日走出陰霾，迎向陽光！」

陳秀琇是大愛劇場《手心外的天空》裏的眞實人物，小時候曾經歷一段很不快樂的童年。

母親待產時，因爲父親重男輕女，特別牽一頭牛到家裏，希望能一舉得男，怎料母親產下一女嬰，就是陳秀琇，童年就在父親失望的陰影中度過，幸好還有母親的照顧與疼愛。

母親捨不得她一出生就命苦，帶她去算命，算命先生看她手掌上才一公分長而且模糊的一條生命線，斷定她活不過三十歲。從此陳秀琇背負著這句話，日日擔憂、害怕，對自己的婚姻也不敢抱持太大的期望，怕影響到對方的幸福。

「是因爲走入慈濟，開啓我人生的轉捩點！」她向同學說，有一次聽到證嚴法師對人開示：「不要被命運所轉，我們要運命」，當頭棒喝地敲醒了她。她放下憂傷，開始邀請左鄰右舍一起摺紙蓮花義賣，依循著自己的願力與各監獄的長官聯繫，走入監獄，面對面、殷殷切切地關懷受刑人，也教導受刑人摺紙蓮花，邊做邊聽「靜思語」。

因為一句「靜思語」，讓她徹底改變想法，不僅扭轉命運，人生迎向藍天，活得更開心，也鼓舞了其他人。

陳秀琇在二〇〇六年推動「靜思好話滿街跑」，以過來人的心境告訴同學，「心有多寬，愛就有多寬。」要堅持「對的事，做就對了」，讓生命發出良善的光與熱。

她描述自己三十年來，用善與愛擺脫算命師對她「短命」的斷言，走出一條更光明的、更長的生命線。「我的兒子鄭凱文從小到大都跟在我身邊做慈濟，現在也一起到監獄裏關懷收容人。所以同學們，不要將生命綁在手中，不要將身、心、靈困在小小的掌心範圍，生命要與眾生結善緣，生活的重心延伸到關懷整個社會，生命就會變得更寬闊。」
三十二歲的收容人阿原，在陳秀琇分享時，目不轉睛地專注聆聽。他吸毒十多年，進出監獄的次數已經數不清。從青年到壯年，一直在迷糊懵懂的日子中度過。他知道這樣是不對的。但是每當毒蟲一發作，再清醒過來時，人已經在警察局了。
「我三歲的時候，父母就離婚，我知道我缺愛，缺父母的愛，大人的事情在我完全不懂的狀況之下必須接受，沒有地方抒發，朋友、毒品是我唯一的慰藉！」阿原一口氣向慈濟志工洪素琴掏出心裏話，讓她聽得心都酸了。
也許是因爲年紀漸長，愈懂得道理。五年前，慈濟志工帶《靜思語》入臺中監獄時，阿原就接觸到了，「我發現閱讀了《靜思語》後，可以沈澱心靈。」
二〇一二年父親往生後，他開始與媽媽有了互動。「我現在與媽媽書信往返，都用『靜思語』交流。我與媽媽分享《靜思語》中的一句話，媽媽也會跟我互動，在信中鼓勵我……」因爲《靜思語》，阿原與媽媽的感情愈來愈緊密。洪素琴鼓勵他，善用「靜思語」，改變思維，就會翻轉人生。

另一位收容人阿偉，也因吸毒進入看守所。兩年多前打官司期間，他心情煩躁不安，無意間看到《慈濟》月刊上的「靜思語」，「話多不如話少，話少不如話好」，他說：「這句話對我影響很大，提醒我，受刑期間少說錯話，可以避免與其他同學不必要的摩擦。」

阿偉服刑期間，父親因爲生病住進臺中慈濟醫院，受到慈濟志工溫馨的關懷和照顧，「這是我再次接觸到慈濟，也留下深刻的印象。我想以後出獄，要加入慈濟，做一點好事，回饋慈濟人帶給我和家人這麼多的愛和關心。」

「窗前有一本書，指引一段旅途，天黑時爲我點燈……」〈讀靜思語〉

的歌曲再次響起，同學們依序上臺接受陳耀謙所長轉贈的《靜思語》。只見同學們雙手抱書貼胸，好像在合十膜拜，有些人迫不及待地翻閱，喜悅、興奮的心情躍然於臉上。

阿原隨手一翻，「最平淡的日子，心裏最安定，因爲沒有患得之心，所以沒有患失之苦」，赫然出現眼簾，他驚訝、驚歎，「怎麼會這麼準？說到我的心坎裏！」

「師姊，怎麼這麼準？我剛剛才在說自己就是受不了朋友的誘惑，才會進進出出監獄，唉呀！真準！」

「是的，就是這麼準，有空多翻翻，它會指引你方向的！」洪素琴替阿原感到高興，但願他從此與毒品隔絕，回到母親身邊，好好愛她。

李昌美走近同學座位旁，說：「勤讀《靜思語》，尤其心情煩悶時，讓一句好話入心，有改變的力量。」同學們點點頭，臉上布滿興奮的表情，就如初入小學的新生，收到新書般喜悅。

同樣的，贈書活動也在四月延伸到戒治所。這一天是星期四，慈濟老師們定期來關懷收容人的日子。

八年來，楊淑英負責帶動手語與同學互動，有時候給他們抽張「靜思語」，聽聽同學的心聲，此時此刻，能送一本精裝的《靜思語》，她感慨特別深地說：「只要有一個人能因爲《靜思語》而從此不再進來，家庭就安定，社會也少了危險的力量，就覺得很安慰。」

李昌美老師團隊恆持不變進入戒治所關懷同學，令一路陪伴的戒治所祕書長黃勝雄很感動。他向一道前來送書的范筑茹和陳秀琇說：「你們這麼有心，對於一個曾經迷途的人來講，可以導引他正確的人生觀，對他未來的行事，是一個很好的準則。」

三百多位同學陸續進入大禮堂，藍色書皮、嵌著銀色「靜思語」的斗大字體，厚實的《靜思語》一書，挺立在舞臺前，遠遠吸引住同學的目光。

2015 年 4 月 16 日，慈濟志工至臺中戒治所致贈典藏版《靜思語》，一本好書，一句好話，從中得到生命的啓發，回歸良善本性。（攝影者／彭東整）

輔導科科長呂玉龍代表戒治所將《靜思語》分送給同學，並期許書中的好話，可以發揮影響力。（攝影者／彭東整）

「愛惜、培育子女是『責任』，供養父母是『本分』，報答父母恩，莫過於發揮良能，爲人群付出，即是『大孝』。」范筑茹翻開書本，帶領同學們大聲朗誦。

熟悉「靜思語」的同學，臉上綻放著雀躍的神情。有的同學則一臉漠然，不知道那是怎麼樣的一本書。初入戒治所，從茫茫毒海中乍醒，但跟著「念書」，總覺得有一種摸不清的喜悅。

「各位同學，我們集合許許多多人的愛心，募集了一千本《靜思語》，而且是精裝本。昌美老師很用心，一直希望讓大家能擁有一本有質感的精裝本，可以好好保存，希望證嚴上人的智慧語，可以啓發大家善良的本性。在這裏暫時靜心的階段，有空時翻開書看一看，好的句子就背下來，久了，那句話就是你生活上的座右銘。眞的不要小看這一本書，也不要認爲拿書好重，拿手機比較輕，讀書好辛苦喔，去玩比較輕鬆！古人說：『書中自有黃金屋，書中自有顏如玉』，意思就是說，讀書可以促使我們上進、有更好的生活與人生，可以修身養性、靜心，讀得愈多，智慧啓發，漸漸地，你就不會受環境影響、讓朋友牽著走！當然，我剛剛帶大家念的那一句，希望同學多思考，未來的路要如何走，只有盡本分、行孝，才是眞正地對自己負責！」

同學們有的頷首點頭，在這無染、無誘惑的環境裏，似乎內心也比較清明，許多道理好像一點就通；反觀外面的花花世界，諸多誘惑蒙住心眼，凡事看不清楚，如果再沒有善友引導，更分不清方向了。

輔導科科長呂玉龍從李昌美手中接過《靜思語》後，反問同學三個問題：「我請問各位，爲什麼有人願意花他一生當中三分之一的時間讀書？又，書裏面有些什麼東西値得去讀呢？」

他以電影《總鋪師》裏的小女生詹小婉，舉例說，當小女生遇到困難時，會去拿一個紙箱蓋在頭上，因爲紙箱是她全部的世界，「書也可以是你們的全世界，它像浩瀚大海，無限寬廣。」

「最後，我擷取《靜思語》中四個字『欣賞別人』送給大家，多以欣賞的角度觀察周遭的人，你會發現每個人的特色，每個人都有他的優點。當然人都不是百分之百完美的，包括我自己也一樣，所以能看到別人的優點，心情會顯得平靜，比較不易有抱怨、不滿而產生衝突。所以多讀書就對了！」

也許受呂玉龍的影響，同學們接到書本的剎那間，臉上綻放出柔美的線條。呂玉龍又加上一句：「『知道』很重要，能『做到』更重要，從各位的臉上，我看到了你們願意重新思考未來方向的表情，眞的替各位高興啊！」

他再次督促同學們，善用手中的《靜思語》，理解一句話，善用它，就可以啓發智慧，翻轉人生，化解心中諸多的煩惱。

愼思愼行，走向光明

許多人因爲遇見慈濟而翻轉人生，有的是企業家，整日生活離不開金錢、事業與利益，有的是更生人或是黑道老大。李昌美翻開記事本，全臺各地有名的生命故事主角，都被她囊括在本子裏。

「好，這次就來找洪武正！」他曾經去戒治所分享，同學的回饋很多。李昌美希望他也來看守所分享，於是向電話那一頭的李美燕說：「美燕，我想四月份的『生命講座』，邀請洪武正好了！我請他特別講『忍辱』這個主題。」

「那我來找與他分享內容有關的《證嚴法師說故事》影片。」

一個月一次的「生命講座」，來聽的同學都是平日表現優良者。這一天，兩百多位同學已陸續進到大禮堂坐定。

「心、佛、眾生，三無差別，眾生，除了人類的生命之外，蠢動含靈皆有佛性……」證嚴法師柔和的聲音緩緩自影片中流露而出，同學臉上的表情也跟著舒緩了，專注地看著螢幕。

這是一齣「牛王忍辱」的故事。故事闡述，「有一隻牛王，帶領牛群去尋找水源。經過一片森林時，卻遭到猴子丟擲沙石塵土戲弄，可是牛王一點都不生氣，還慢條斯理地走過去，猴群看到牛王這麼好脾氣，就不敢再造次。原來牛王前世是一位修行者，只因爲愛生氣，與人爭吵，甚至殺了人，才轉世爲牛。」

影片中，證嚴法師強調：「所以牛王謹記教訓，這一世不但要好好自修忍辱，更要帶領牛群修行。所以才說人身難得，言行舉止都要愼思、愼行，再加上如果沒有累積福德因緣，就會墮入畜生道！」

說到忍辱，洪武正就會想到自己年輕氣盛時，只要和別人一言不合，一眼看不順，馬上動武動粗，小則皮肉傷，大則傷及性命，他的大好青春就是在囹圄中度過的。洪武正問大家：「同學們，人生最大的無奈是生命由別人來決定，對不對？」他聲音雄厚，說話鏗鏘有力，濃黑的雙眉往上揚。

同學臉色尷尬、不說話，有的不敢正面看他，自顧自地低下頭去。洪武正並不是來考試的，這道問答題，看來也不是很難，就是「是」或「否」的是非題罷了。可是同學面有難色，難言之隱，洪武正都能理解。他回應自己的話說：「那就是以前的我啊！」

有人睜大眼睛，張大嘴巴，「啊」的一聲，從表情上看得出他們對眼前這位主講者產生好奇，很想聽聽他的故事。

「你們相信嗎？我眞正是眞大尾！我是彰化二林人，在黑道家庭長大，從小就涉足賭場，也參加過幫派，甚至爲了要報復造謠傷害母親的堂叔，找兄弟活生生地摘掉他十根手指頭的指甲，你們說說看，

2015年4月22日，慈濟志工洪武正帶來激勵人心的心靈講座，鼓舞同學們只要有心懺悔，一定能改過向善。（攝影者／彭東整）

這樣有夠大尾嘸？」

「有！」同學打開聲浪，心裏也同時在想：「我已經是大尾流氓了，這位師兄還比我更大尾，但是他能改變，變得這麼好，我能嗎？」

「後來，我父親事業失敗，我自己也不愛讀書，就去混幫派，求學不順，一事無成，乾脆去臺北流浪，曾經三餐不繼。後來開設賭場，擁有大批的槍械、火藥，販毒錢賺得快，進出監獄也變得很頻繁。」他以「大哥」的架勢坦誠自己的過去，但又多了一分溫文得體，對同學來說一點隔閡也沒有，講到高潮迭起處，同學的掌聲也跟著愈來愈高亢。

「我也曾經懷疑自己無法回頭了，每一次在監獄中看到即將執行死刑的人，都帶給我很大的衝擊！各位知道嗎？我當初的想法就是：『人生最大的無奈是生命由別人來決定。』」

有一回，洪武正在獄中，看到牆上貼有一張前人留下來，很粗糙、從食品罐頭標籤撕下來的觀音菩薩法像。他不禁對著牆上的觀音菩薩發願：「出獄後要走正路，做人說話要算數。」也許是當老大哥，總有一股正義感、正氣猶存，他很想從此金盆洗手，改頭換面。

出獄後，洪武正履行承諾，解散昔日的隨從兄弟和賭場，只帶著六千元，隱姓埋名到臺中討生活，去應徵工作，由基層試用員做起。

「我與老闆約法三章：『如果我表現好才開始發薪水。』不然坐過牢沒有人願意給我機會。當時，領了辛苦工作一個月的薪水，還不到在賭場一天的收入，但是靠自己勞力賺來的錢，用自己的錢去電影院買票，有人引導入座，不再看霸王戲，感覺非常心安踏實。」

因為工作態度認真，深受老闆器重，幫忙他自行創業。「我事業有成後，又起了傲慢心，天天花天酒地，直到得了嚴重肝病，醫師甚至宣布無藥可醫了，我的心情如從天堂掉進地獄，幾乎想放棄自己！」

後來，妻子陳麗秀成為慈濟會員，耐性地陪伴他度過人生難關，度他一起加入慈濟。

「我常常陪同太太參加訪視，就是去探視貧困、貧病的人，體會『因緣果報』的可怕！做慈濟，讓自己有回饋社會的機會，後來也去國際賑災，看到災民窮困的無奈，想想自己眞的太有福報了。賑災最遠去到衣索匹亞，那裏宛如人間地獄，一片饑荒，連一滴水都得來不易，我才深深體會到自己有能力應該要做好事、走好路，人生才有意義。」

他提到一個個案，「有一次，我和太太去一間鐵工廠訪視，這位案主因爲會修理槍枝，賺了很多錢，工廠也不開了，後來染上了毒品，臉上的腫瘤漸漸長成像乒乓球大。腫瘤拿掉後，不久又長出來，身體又臭，瘦成皮包骨，每天過著痛苦的日子！」

這位先生爲了買毒品而販毒，腫瘤散發出讓人聞了都會想逃的異味。「我和我太太一起去勸他，勸他不要再幫人修理槍枝了，雖然可以賺好幾萬，但槍枝被拿去殺人，毀了多少家庭的幸福，毒品也害了多少家庭受折磨，等於間接殺人！後來案主才想通。」

洪武正告訴同學：「人生遇到挫折，就如同坐火車，經過山洞，出了山洞又是一片光明。遇到挫折的時候，就忍下來，忍讓一下就過去了，了解嗎？」他如兄又如父，殷切的聲調鼓勵著同學：「任何時候都能作爲人生起點，不論處在何種環境下，都要給自己造福的機會，願意嗎？」

「願意！」

「男子漢大丈夫，請大聲一點！」他舉起手臂，同學也跟著舉起手，發出大聲浪說：「願——意！」

同學被激起的信心，洋溢於臉龐，不管年長或年幼，綻放單純如嬰兒般的清淨本性，這不就是人人當初呱呱落地的人之初、性本善？

「這麼大尾的壞人，都可以轉換成『師兄』了，洪師兄轉黑爲白的鐵證，讓我們增加好多信心！我應該要有信心……」同學們臉上顯得很雀躍，只要願意、有勇氣與毅力，出這個大門後，希望、光明就在眼前。

這一堂課，王俊壹從頭到尾陪伴旁聽，很佩服洪武正的轉變，也敬佩陳麗秀一路不離不棄的扶持。「同學們，洪師兄真的很不簡單，一個曾經無惡不作的人，需要非常大的勇氣、堅定的毅力才能有今天，相信他的故事，對同學們有深深的影響，也是給大家的一種鼓勵，只要有心給自己機會，願意去做，沒有不成功的事。」

此時，同學熟悉的〈普天三無〉音樂響起，他們也跟著哼唱，時時叮嚀自己：「普天之下，沒有我不愛、不信任、不原諒的人。」

第五章
轉化

「當地時間十一點五十六分，突然間天搖地動，很多建築物再也撐不住了，紛紛倒地，眾人也慌亂四處逃竄……」

二〇一五年四月二十五日下午，全世界的新聞媒體播出驚悚的地震畫面，地震規模八點一，佛陀的故鄉尼泊爾，許多佛塔、佛像應聲倒塌。遍地瓦礫，哀號聲四起……這震驚全世界的新聞，看守所、戒治所的同學也看到了，電視裏播放地震後的慘狀，一再重複的是，死傷人數不斷攀升……

「大多數人看完新聞就忘了，如何藉由災難啓發同學的悲心？」李美燕心裏想著。

慈濟賑災義診團已在四月二十七日動身前往尼泊爾，各國的慈濟志工也啓動祈禱、募款援助尼泊爾，李美燕身爲活動規畫者，也想利用五月浴佛，帶動看守所的同學一起爲災民祈禱。

李美燕與李昌美連袂拜會陳耀謙所長。「我們可以邀同學們一起爲尼泊爾災區祈福嗎？然後請您帶動所內的同仁獻愛心、捐款救災！」

陳耀謙點頭回應：「這麼好的事，爲什麼不呢？我們也可以邀同學一起來啊，讓大家都有機會植福田。」

「所長，您眞有心啊！」李昌美讚歎所長的智慧決定，「同學們一定很樂意參與這個活動！」

「可是，同學們身上不能有現金，要怎麼捐？」李美燕問。

王俊壹提醒說：「我來告知他們這個活動，讓想捐的人自由請購郵票，郵票相當於等值的鈔票！」

眾人虔誠的力量是很大的，看守所兩百多位同學和長官們，在浴佛典禮中共聚善念，由陳耀謙所長、王俊壹科長、教聯會老師引導，在大禮堂十尊琉璃佛陀法像前，恭敬地大聲朗誦祈福文，爲尼泊爾災區致上最眞誠的祝福。

天地動盪，災難不斷，十方世界，失調頻傳，地水火風，席捲全球，崩塌毀傷，哀鴻遍野，猶如末法壞劫，人心浮動難調，人禍不斷發生。
祈願，龍天護法，悲憫垂憐，護佑眾生，人民安樂；
祈願，諸佛菩薩，慈悲示現，雲施雨降，祥兆人間；
祈願，佛陀慈悲，法語遍灑，潤澤眾生，長養福田；
祈願，正信佛法，常住世間，清流永續，光照大千；
祈願，僧俗四眾，宏願無限，慈悲喜捨，慧命廣延；
祈願，擊大法鼓，振聾發聵，遍灑清流，淨化人心。

司儀林燕眉拿著郵票，告訴同學：「一張郵票，代表每個人的一分善心，共聚善念的力量很大，剛剛恭誦的祈福文，聲音的共振上達諸佛菩薩天聽，各位祝福的話，將會傳到遠方尼泊爾災民心裏，希望災難能減至最低，早日重建家園，恢復日常生活軌道！」

同學們虔誠地將手上的郵票投到竹筒裏，單薄的一張紙郵，含藏著每個人的善心，從臺灣飄洋過海到尼泊爾，告訴受災民眾，「即使我們暫時不是自由之身，但祝福的心念並未減弱。」

捐完郵票，同學們捧起玉蘭花，依序至佛像前，獻燈、獻香湯和香花，讚仰三寶的恩澤，禮讚佛陀的威德，場面十分莊嚴。

阿宏向慈濟志工說：「舉辦這樣的活動非常有意義，一張郵票代表我們一個小小的心願，結合大家對災民的關懷。在以前的生活圈裏，只顧自己，都不知道可

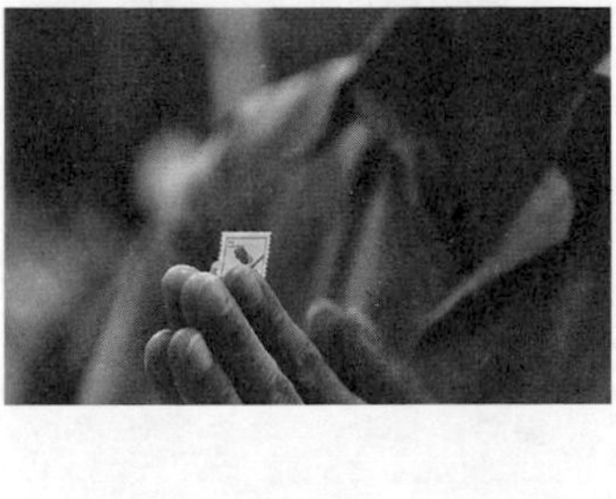

2015 年 5 月 13 日，臺中看守所「浴佛」活動中，同學們為發生地震的尼泊爾災區祈福，並捐贈「郵票」投入愛心。（攝影者／彭東整）

以這樣幫助別人，世界上發生了什麼事，好像都與自己無關。真的很謝謝你們，讓我們有機會付出小小的力量，但願他們盡早脫離苦難！」

洪素琴鼓勵他，「是啊！其實幫助人很簡單，只要你願意，哪怕是一塊錢、五塊錢，都可以發揮善的效應呢！」

四十一歲的阿和，已經兩度進出監獄，再次服刑，他很後悔，所以處處安分守己，慈濟老師們辦的活動或講座都會參加。他說：「心裏有些不愉快的時候，志工常會開導我們，讓我們朝比較正向去思考。」

陳耀謙所長也發起捐出所方員工消費合作社盈餘公益金，看到同學踴躍地捐郵票，心裏很安慰，轉向李昌美說：「同學們大多是欠缺啓發和引導，如果在社會上時，旁邊有善知識，就比較不會走錯路。藉由這個有意義的活動，同學們反觀自省，體悟人生的苦難，也啓發出他們的善心，相信今天所有參與的同學，內心都有相當大的感受。」

「是的！就讓我們一起努力，也爲同學們的將來祈福！」

隔天，李昌美帶領團隊，浩浩蕩蕩進到戒治所，也讓同學們發揮愛心捐郵票。兩處同學們捐的七百張郵票，教聯會老師和承擔司儀的林燕眉出資買下，湊整三萬元現金，以「法務部矯正署臺中看守所和戒治所受刑人」的名義捐出，之後李昌美再捐出這些郵票給戒治所。

遙遠的尼泊爾發生強烈地震，爾後的臺灣也不安定。「六月二十七日晚間，八仙樂園發生有史以來最大的粉塵爆炸事件。當時舞臺區正在舉辦派對，向狂歡的民眾噴灑大量彩色的玉米粉，沒想到突然發生爆炸，民眾在烈焰中奔逃，耳邊不斷傳出爆炸聲，許多人穿著泳衣，四肢燒傷嚴重，現場宛如人間煉獄……」

新聞不斷重複播報，一場歡樂、展現活力的彩色派對，因爲粉塵著火延燒，引起一片火海，燒傷的人數多達四百九十九位，有人來不及逃生或燒傷面積過廣而不幸身亡。

針對這件撼動全臺甚至全世界的公共意外，慈濟除了動員醫療、慈善系統協助傷者和家屬，也啓動「愛膚傷．迎陽光」祈福會，而遠在尼泊爾的受災民眾，也跟著慈濟志工一起爲臺灣這群受傷的年輕人祈福。

行善的腳步不能落人後，新學年的開端，李昌美和李美燕特地規畫，讓同學也有機會傳達自己的善念，於看守所舉辦一場「愛膚傷．迎陽光」祈福會。

李昌美請老師們準備「心型」祝福卡，事先讓同學寫下祝福的話，在祈福會當天，親自在佛前獻上心意。

八仙塵爆事件不久，蘇迪勒颱風重創烏來，路斷橋塌，沒水沒電沒糧食。本來人聲鼎沸的烏來老街，成了廢棄物堆置場，災民走在土石流沖刷，斷木、落石滿地的道路上，令人怵目驚心，有的房子僅剩下屋頂，路上到處是泥濘，連屋內也難倖免。

在臺北負責訪視的慈濟志工許碧珠，家鄉在臺中，李昌美特別邀請她爲臺中看守所的同學，分享關懷塵爆傷者和協助烏來災後清掃的體悟。

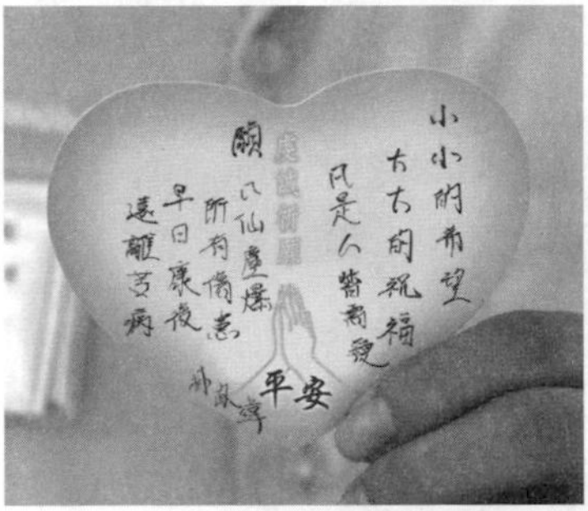

2015 年 9 月 16 日，臺中看守所「愛膚傷 · 迎陽光」祈福會，為「八仙塵爆」傷亡者祈禱祝福。所長陳耀謙，代表所方捐出員工消費合作社盈餘公益金。（攝影者／彭東整）

許碧珠播放了一段影片，粉塵爆發生的那一晚，瞬間哀號求救聲代替了歡樂聲的驚心動魄畫面，同學們個個屏氣觀看，表情嚴肅。她直擊重點地告訴同學：「當無常來時，除了自己痛苦，最心痛的是父母……」

粉塵爆炸事件受傷者的年齡從十七至二十七歲都有，正值青春、就學年紀，是父母呵護下的心肝寶貝，有的才剛進入社會打拚，大好的前途，卻在一夕間風雲變色，人生也跟著改變。

許碧珠繼續說，共有十三位傷患送到臺北慈濟醫院進行急救，他們全身有百分之四十到六十的燒傷，多數患者到院時臉部及全身皆有灼傷，醫院怕他們有呼吸道吸入性傷害，緊急安排住進加護病房治療。

同時間，醫院啟動大量傷患機制，全院有超過一百位醫護、醫技及行政同仁加入搶救病人的行列，慈濟志工也輪值在各大醫院膚慰傷患，安撫焦急的家屬。

「當晚發生意外時，附近的慈濟志工知道後，馬上趕到八仙樂園，現場等不到救護車的傷患眾多，慈濟志工盡量替傷者補充水分，看到傷患被燒得皮開肉綻，眞的是心痛不已！有的志工從事發當晚，陪伴家屬一直到隔天早上，只希望給予家屬精神依靠和鼓勵。」

許碧珠又說：「接著，蘇迪勒颱風造成烏來土石流的慘況，全臺各地慈濟志工不分老、中、青輪流投入清掃，大家不分你我，紛紛伸出援手，讓烏來災民早日有一個乾淨、安穩的家。」

「同學們，無常隨時都可能發生。你們身處在這裏，也是一種無常。不要以爲不會再進來，除非自己有堅定的決心，不想再進來！」

許碧珠愼重地告訴同學，好好把握父母給的健康身體，做好事，腳走好路，時時心想好意，往正面的方向做事，助自己一臂之力。

分享結束後，司儀呼籲大家：「災難頻傳，苦難偏多，是人心所造作的無明，人心調和，自然福緣廣聚，天地祥和，期待人人戒愼虔誠，敬天愛地凝聚福緣。等一下，讓我們虔誠地爲這些粉塵爆受災的年輕人祈禱，也爲我們臺灣祈福，更爲自己的將來和家人的健康說一句祝福的話，好嗎？」

「好！」同學們感同身受受災者身心的痛。阿緯同學念念有詞，念著自己寫下的祝福話：「凡是人皆需愛，願八仙塵爆所有傷患早日康復，遠離苦痛。」

小軒說：「發生這樣的事誰也都不願意，爲你們加油！繼續加油！」他拿出祈福卡，「祝八仙塵暴傷者，早日恢復健康，早日康復！」

每次慈濟來辦大型活動，所長陳耀謙除非有要事在身，不然都會陪伴同學參加。聽到許碧珠描述這兩場災難的劇烈，和慈濟志工、醫護人員不計代價，全力搶救傷患的感動畫面，他表達內心的感受說：「今天我自己也上了一場生命教育課，但願藉著這場祈福會，齊聚善的力量，給受難者關懷與祝福，期盼他們趕快康復，也謝謝你們讓同學有植福的機會。」

李昌美微笑回應：「我們設計的課程，無非就是要啓發同學們的善念，拓展他們的視野。當然也想讓他們知道自己有多幸福，應該要懂得惜福，不再沈浸在自己的小小世界裏。」

從來罪福不相欺

每月一次的生命講座，李昌美和李美燕總是絞盡腦汁，安排不同的生命故事來啓發同學。

二〇一五年十一月的生命講座，李昌美想到了抗癌鬥士江俊廷醫師。李美燕也贊同說：「昌美老師，他的故事很精彩，可以搭配《慈悲三昧水懺》的〈意望深無底〉偈文，帶動同學一起唱。」

李美燕剪輯了一段「大愛長情劇展」，眞人眞事演出的更生人蔡天勝《破浪而出》的故事，配合主題曲〈歲月的籤詩〉：「你不是什麼都無，轉過頭，會看到，花開花謝，葉落土，春去秋來，日頭笑，攏是歲月的籤詩，美麗的相逢；你不是什麼都無，向前行，會遇到，慈悲為懷，心就闊，真心奉獻，天就大，愛是生命的主題，有你有我……」

這是一系列具有啓發意義的生命故事。蔡天勝因爲年輕一時的無明，在獄中度過大半生的時光，還好讀到了一本《慈濟》月刊，裏面許多故事觸動到內心，他決定改變自己。出獄後，自己找到臺中分會，由慈濟志工引導，從環保回收做起，加上自己的決心和毅力，終於改頭換面。

蔡天勝成爲慈濟志工後，回過頭來，以自己的生命故事爲例，到監獄鼓勵還在毒海波濤中載浮載沈的兄弟，一個一個地拉拔，讓他們出獄後到自己的素食餐廳上班，帶著他們走慈濟路。一起做志工，與以前的舊環境和朋友隔離，斷離習氣，學習手心向下，走向助人的有意義人生。

影片播放完畢，老師和志工們以手語歌曲帶動：「幸福會慢慢開花，慢慢結果，感恩走過的坎坷的路，感恩疼過的失敗的錯，若是不曾跌一倒，哪會畫出人生這幅美麗的圖……」帶出臺中慈濟醫院神經外科醫師江俊廷的眞實生命故事，告訴同學，「人生都是起起落落，感恩一時的不順遂，勇敢向前走，必能遇見美麗的風景。」

江俊廷一上臺，開頭就說：「年輕時的我，平步青雲，成了準醫師之後，更是不怕天，不畏地，吃喝無度，天天菸、酒、檳榔不離口，遍嘗粉味。後來，當醫師宣布我罹患『腮腺扁平上皮細胞癌』，我才懂得珍惜生命，決定戒菸、戒酒、戒檳榔，也懺悔過去過著迷迷糊糊的日子，開始重視生命的眞正價值。」

江俊廷指著在螢幕上的自己，原本一百多公斤的體態和現在輕盈的模樣，簡直判若兩人，讓人不敢相信他的轉變那麼大。

他繼續說：「我從小求學一路平順，讀完醫學院、取得醫師執照，自認爲是『天之驕子』，高高在上。在南部執業時，頂著醫師的光環，要什麼有什麼，除了上班之外，下了班就是被黑道大哥帶著吃盡大魚大肉、一攤過一攤地跑酒家，幾乎是天天醉的『黑道醫師』歲月。」

江俊廷灑脫地說：「過去，我是一個貢高我慢的人，生病前的四十二年間是我的上輩子。我雖然身爲醫師，並不懂得珍惜，我與人比拳頭結怨，染著一身惡習，渾渾噩噩過日子。」

再怎麼叱吒風雲，風流倜儻，也塡不了心靈的空虛，加上身體發胖、尿酸高到導致全身關節疼痛，他決定回到故鄉臺中行醫。二○○七年，他進到了臺中慈濟醫院服務。

二○○九年某一天，當他與

2015 年 11 月 6 日，臺中慈濟醫院神經外科江俊廷醫師來到看守所，分享病中覺悟的生命故事。（攝影者／彭東鏊）

大學的學長餐敘時，突然出現臉歪嘴斜的「中風」徵兆，不過十分鐘後就消失了，身體沒有留下任何後遺症。但是因爲自己是醫師，他意識到可能是「短暫性缺血性腦病變」，嚇得先戒了酒。

過慣了安逸、玩樂生活的江俊廷，不再喝酒後，感覺日子好像失去寄託，頓時感到無聊，爲了消磨時間，他每天晚上在電腦前玩線上遊戲，上線、帶團、打怪練功、更新裝備……一邊玩一邊菸不離手，有時候在不知不覺中連抽了兩包，天也亮了，關掉電腦，一夜都沒有休息，就直接去上班。

這樣沒日沒夜地熬夜、工作，就算鐵打的身體也會敗壞。江俊廷神情嚴肅地走近同學身邊，說：「記得那天是二〇一三年六月五日，我點了一根菸，看著煙霧飄飄，已經沒有像以前抽一根菸快樂似神仙的感覺了。因爲不久前，右臉耳下的腮腺，時不時地脹痛，已經有好長一段時間，連右眼也出現嚴重的複視，當時心裏想『代誌（事情）大條了』，才去檢查。」

過後，江俊廷依舊抽著他喜愛的菸，心裏卻惦記著不久前做的檢查，該是報告出來的時候了！

眞是青天霹靂！看報告的那一天，醫師告訴他罹患罕見的右側腮腺扁平上皮細胞癌，癌細胞已擴散到腦部、頸部及胸椎。他上網查文獻，眞的很罕見，全球約只一千例，末期病患沒有存活案例，他如一隻待宰的羔羊，被判定只剩三個月的生命，他這一生從未如此無助過。

「原本打算乾脆不要治，反正又不會好，不要浪費醫療資源了。但是年邁的父親堅持，『這場仗一定要打，打完我們都沒有遺憾。』爲人子女，能做的不多，我就配合老爸，『要打就打吧！』」

三次化療，每次打四種不同的藥劑，化療藥一打完，頭髮也掉光了。夏天每個人都穿短袖，江俊廷卻穿著棉襖還要蓋棉被，全身像有螞蟻到處爬，搔癢不止，「那時候的感覺，是生不如死。」

有一位朋友送了一本《地藏經》，要他有空拿出來念誦。江俊廷心想：「反正就是等死，也沒有其他事，就念經吧！」化療期間，他全身無力，無法起身，七十歲的老父親就睡在旁邊照顧，還幫他包尿布，讓他方便如廁。

「我不忍半夜吵醒爸爸，整整有六天的時間，咬著牙撐著軟趴趴的身體，爬去上廁所，簡直跟佛經中的『畜生道』沒有兩樣！」

緊接著是三十六次的放射線治療，治療後一週不能進食，食物一進嘴裏就痛，連喝溫開水也痛；「我的味覺全部改變了，豆腐不像豆腐，完全沒胃口，從四肢瘦起，肚子大大的，這就如地藏經上的『餓鬼相』！」

做完療程，足足比醫師預期多活了一個月，回診檢查發現，身上癌細胞都消失不見。每半年要追蹤一次，至今抗癌三年多。江俊廷談笑風生，有了覺悟後四處分享自己的生命來時路，奉勸大家要及時懺悔，不要被欲望牽著走。

話說至此，臺下的同學就像和他共同走過三年抗癌期，爲他捏了一把冷汗。

生病後的江俊廷，受到化療後遺症的折磨，感覺如身在地獄般痛苦。罹癌後，他開始學習做人的道理，不再比較和計較，以前他會和別人比誰開的名車最拉風、誰住的豪宅最奢華，看到別人比自己好會懊惱，欲望就如無底深淵，永遠塡不滿。

「生病後，我才發現，身邊再好的物質，一件也帶不走，連平日很簡單的喝水，都食而無味了，還有什麼東西會比喝得下水、吃得下飯重要呢？所以『活在當下，好好做人，好好做好本分事』，才是最重要的，因爲病痛、無常不知道什麼時候會找上門來？」

江俊廷也從病中得到啓發，應該要與人結好緣，他開始關心病患。以前他把醫病當作一件工作做，認爲治療腫瘤疾病，不過就是記得病患腫瘤生長的部位，至於床號、病人長什麼樣、叫什麼名字都與己無關。

現在，他會陪病人聊天，認眞了解爲什麼會長腫瘤，關心他們的生活作息，住哪裏、生活背景、飲食習慣如何、心情好不好等。

「來到慈濟工作，接觸到證嚴上人的法後，我才懂得懺悔，開始省思過去四十二年的我，到底做了些什麼……現在的我，沒有太多的時間可以浪費，我要放下所有怨氣和不好的習氣，因爲明天眞的不見得會再來，我唯一的財產就是當下，就是現在這一口氣……」

江俊廷徹底調整作息，每天晚上十點半前就寢，生病前是暴飲暴食，生病後三餐定時，只吃能看到「原形」的食物。以前一心多用，一天下來很累卻不知道做了什麼。現在，他認眞地過著每一分每一秒，認眞吃、認眞呼吸，歡喜接受當下的美好。

語罷，他再問同學：「生命的價值是什麼？金錢、地位、名聲、健康？還是……每個人的劇本不同，既然擁有健康的身體，就應該找出自己生命的價值和意義，不要再辜負大好人生了！」

「我自己的答案是，照顧好自己的慧命，是我現在最重要的功課！」

臺下響起一陣熱烈的掌聲。這一梯兩百多位都是新收的同學，有的在等待官司判刑，原本焦躁不安的表情，聽了江俊廷的自我懺悔，內心比較踏實了，起碼自己的身體健康，應該發願不再進來。

呼應江俊廷的生命故事分享，音樂慢慢響起，司儀引導：同學們，讓我們一起合掌，一起跟著字幕唱這一首〈意望深無底〉——

人生恰似一場戲，戲的劇碼叫貪欲；
貪如深海萬丈谿，欲壑難填苦來襲；
辛勞只是為醫饑，醫得饑來又思衣；
綾羅綢緞身上穿，抬頭卻嫌房屋低；
蓋得高樓華廈起，床前又怨沒嬌妻；
娶得嬌妻顏似玉，忽慮出門沒馬騎；
買下千里金鞍馬，又嫌出入跟從稀；

募得家丁數十人，無權無勢愁人欺；
一朝鑽營入官署，又恨官小職位低；
即使權重位公卿，朝思暮想要登基；
得了玉璽做皇帝，想和神仙下象棋；
神仙陪他把棋下，令人快做登天梯；
若非無常大限到，到了天上還嫌低；
玉皇大帝讓他做，定嫌天宮不華麗；
世人貪欲深無底，造做罪業永不息；
罪業既做煩惱伴，因緣果報總相依；
知罪肯懺有悔意，從來罪福不相欺。

淺顯的偈誦文，勾起同學心中的痛，每個人屏氣凝神，有的頭低低的，有的閉著眼睛虔誠地合掌，藉著唱誦反觀自己，懺悔過

全體合十虔誠唱誦法譬如水「意望深無底」偈文，藉由唱誦觸動同學們反觀自心，虔誠懺悔過往的貪瞋癡。（攝影者／彭東螯）

去的貪瞋癡，才會落入這裏。

三十三歲的小蔡因毒品入獄，三年前也曾經罹患淋巴癌，他很能體會江俊廷病苦的心情和珍惜生命的可貴，「我很懺悔自己不懂得珍惜生命，繼續與毒爲伍，所以又進來了。爲了不再讓家中老母擔心，還要當三個孩子的模範，出獄之後我要改變自己，也希望能走入慈濟當志工。」

小緯因毒品進出監獄三次，他一直搖頭說：「不要、不要再進來了！已經讓家裏的人太操心了，出去以後要好好做人，現在只能在這裏好好省思以後要怎麼做……」

最高興的莫過於陳耀謙所長了。他怎麼想也想不到一位尊貴的醫師，也有黑暗無明的過去，還好他及時醒悟，生病帶給他新的人生，現在不但醫病人的病，也是醫人心的好醫師了。

「江醫師的現身說法，帶給同學的是另一種省思，他用活潑的演講方式，說出人生經歷，給同學們的觸動很深。」陳耀謙轉身向李昌美說：

「更感動的是慈濟人一次次進來關懷，你們的年紀都足以當我的媽媽或兄姊了，我相信這顆善的種子，都會在同學們心裏生長茁壯的！」

看到同學的回饋，策畫這次活動的李美燕高興地回應所長：「就像《法華經》說的，有的人像小草，有的是大樹，法是一樣的，只是攝受不同，所以給的方式要不一樣；貼近同學們的心，他們才能很快地接受到，而不是自己認爲好的就給他們。」

眞的是一場撼動人心的生命講座，王俊壹科長也一直舉大拇指說讚，他自身也曾經歷過一場病，能夠體會病苦的身心折磨。長時間陪伴同學，他不嫌自己工作增多，只願同學們能夠愈來愈少，他慨嘆爲何進來的同學有增無減？

李昌美每個月要邀什麼人來，講的專題內容，都會事先與王俊壹討論。王俊壹感恩李昌美年紀那麼大了，就像媽媽一樣，爲了這些同學四處奔走、邀請講師，還自掏腰包準備各種結緣品，特別是送四百本的《靜思語》……

他突然想起了一件事：「對了，我應該來想想，要如何讓同學好好消化這麼好的書了！」

有聲無聲皆說法

時序入冬，大肚山蕭蕭山風陣陣吹來，氣溫比市區低了三、四度。一群人在看守所廣場下車，趕緊伸手拉緊圍巾，保暖脖子。李昌美不顧雙腳已冷得發抖，走向「藏鋒絲竹樂團」的年輕孩子，關心地問：「冷不冷？」

孩子看到不熟悉的面孔，青澀、害羞地搖搖頭回應。李昌美像疼惜自己的孩子一樣說：「對對，年輕就有本錢，不冷、不冷！」

這天是十二月九日，慈濟志工和教聯會老師等共有七十四人，其中十二位是藏鋒絲竹樂團的團員，要爲同學們舉辦歲末感恩音樂會饗宴。

這次的感恩會有別於往年傳統的歲末祝福模式，主要是來自陳耀謙所長的慈悲心。緣於十一月時，李昌美、李美燕照例到看守所，向陳耀謙所長報告十二月要爲同學舉辦歲末祝福活動，並請教流程細節。陳耀謙說：「我希望這一次的內容能有點不一樣！」

「哦，請您說說看，我們會盡量配合！」李昌美率先開口。

「是這樣的，所內有幾位極刑犯，我很期待受刑前能帶給他們一些心靈感受。」

這個提議讓李美燕想到八月曾邀請邱秉鎰老師帶領的藏鋒絲竹樂團，在一中街益民商圈舉辦的「七月吉祥月祈福會」贊助演出。在鬧哄哄、人潮洶湧的商圈，二胡演奏和舞蹈劇目的演出，吸引很多逛街的民眾駐足觀賞，給溽暑的夜晚，灑下一陣清涼意。

「所長，我們有一個樂團，也許可以鼎力相助，我來邀邀看，就以音樂會的方式呈現。」

「這個提議很好，如果眞的能邀到，就算是在他們執刑前，我們能爲他們做的最後一件事了。」

李美燕立即打電話給邱秉鎰老師，說明慈濟志工長期關懷看守所的狀況，以及邀請樂團演出的構想。「這很好啊，我們一定配合，也感謝你們讓孩子有機會去付出，我會一一向家長們說明，沒問題的話，就依您說的時間出席。」

邱秉鎰和太太曾禾蓁兩人，向家長們說明爲看守所演出的意義，家長們很感動，欣然答應。

藏鋒絲竹樂團十二位團員，依約來到看守所。他們有的就讀國中、有的已上高中，都是第一次踏入看守所。長期的演出，練就出穩健臺風，表情淡定從容，反倒是臺下的同學，看到和自己年齡相仿的團員，個個眉清目秀，在師長的引導下，接受良好的教育，循規蹈矩地求學，再想想自己，不免悵然若失。

藏鋒絲竹樂團是由邱秉鎰創辦，妻子曾禾蓁任副團長，與一群愛好音樂的年輕學子組合而成。邱秉鎰的大兒子邱彥瑄，就讀彰化藝術高中，患有先天性聽障，七十五分貝以下的聲音都聽不見。他主動向父母提出想學音樂，並選擇吹奏嗩吶、笙，沒想到無心插柳柳成蔭，吹奏樂器對於他日後語言的學習有很大的幫助。

二兒子邱葦宸，就讀立人國中三年級，在樂團中專攻嗩吶和大提琴。兩位孩子因為父親的引導，在樂器上各有專精，尤其是有聽力障礙的大兒子，因為吹奏嗩吶和笙，在學習發音講話上有加分的效果。

二〇一一年邱秉鎰受慈濟志工邀約，觀賞了《慈悲三昧水懺》演繹，從經文中體會到生為人，應該要戒殺生、斷口欲、疼惜眾生，不能因為愛好音樂，而讓一條條的蟒蛇犧牲。

從此，他將二胡的構造，研究改用奈米人造皮代替蟒蛇皮，並在臉書上說明人造皮做成的二胡，拉出來的音律效果並不亞於傳統的蟒蛇皮，呼籲業者捨棄蟒蛇皮、使用奈米人造皮製作二胡，帶動更多人同來護生。

後來，母親往生，邱秉鎰夫妻和四位子女全都茹素，也帶動樂團團員在練習時茹素，儘管只是一餐，他相信一定能逐漸帶動吃素的風潮。

這天的歲末祝福感恩會增加了樂團的演奏，像在舉辦一場室內音樂會饗宴。

活動開始了，司儀說：「慈濟的歲末祝福是上人感恩全球慈濟人一年來在世界每個角落的付出，感恩社會大眾的護持。」

播放中的影片，正在介紹慈濟歲末祝福的緣起，一段熟悉的兒歌由

2015年12月9日，臺中看守所「歲末祝福」活動，以音樂會的形式傳遞美善，期許愛的聲波淨化高牆內的身心靈。（攝影者／彭東整）

一群婆婆媽媽邊唱邊跳地演出：「慈濟列車要開了，火車快飛、火車快飛，穿過高山渡過小溪，一天要跑幾百里，快到花蓮，快到花蓮，師父看了笑嘻嘻。」

影片中，受訪者紀靜暘說：「那個時候，醫院蓋好後，招募了很多會員搭慈濟列車開往花蓮，去了解慈濟精神，幾乎每個星期都有……」

「有一次，就在冬令發放的時候，回到花蓮，與上人一起度過很歡樂的一夜，上人很歡喜，就說歡喜就是功德，是與人結好緣，所以我們就是以一種歡喜的心境來辦歲末祝福。」

影片裏又提到：「一九九九年九月二十一日凌晨一點四十七分，臺灣發生芮氏規模七點三的大地震，造成兩千四百一十五人死亡，房屋全毀與半倒的超過十萬戶、五千多棟，震後，人心從驚惶變成徬徨。證嚴上人從十一月二十六日開始，前往草屯、大里、埔里、東勢、集集、南投等六地，在慈濟援建的大愛村爲災民舉行祈福晚會，就是慈濟社區歲末祝福的由來……」

節目繼續進行著，李美燕眼尖，看到前排所長的座位是空的，覺得很奇怪，趕緊問王俊壹科長。

「咦！怎麼沒有看到所長？剛剛還在的啊！」因爲等一下安排了所長贈送「靜思語」木匾的流程，李美燕很緊張，爲何所長突然不見了。

「他等一下就回來了！」

李美燕覺得王俊壹應該知道，但又像在賣關子。過了一會兒，陳耀謙帶著六位同學進入禮堂，戒護人員也隨旁一起進來。但是大家都不知道這些同學是誰，爲何所長親自去帶？

活動流程持續進行，同學們從木訥的表情到眼神專注地觀看節目，時而低頭沈思，時而一抹淺笑漾出嘴角。這一生，他們還未接觸過這樣溫馨的活動，內容豐富多樣，又具有意義，許多同學每次聽到慈濟要來辦活動，都盡力表現良好，才有資格出來參加。

慈濟志工引領同學們一起來感受莊嚴又溫馨的歲末祝福活動，為家人也為自己祝福。（攝影者／洪素琴）

這一天，慈濟志工又送來「靜思語」木匾，贈送給看守所布置空間。教聯會已退休老師黃啓哲向同學說：「『靜思語』是證嚴上人的智慧法語，任何一句只要能夠入心，對我們人生都是一種正向能量，日常生活很受用，請大家要好好珍惜，善用它。」

紀邦杰醫師也勉勵同學們：「『靜思語』是無聲的說法，如果可以把它化成行動，眞的對你們將來人生方向很有幫助。」

李昌美老師要同學放下心中的「愛、恨、情、仇」，用「靜思語」重新洗滌自己的內心，她強調：「陳所長很注重教育，這些『靜思語』木匾，你們時時走過都可以看到，會漸漸地淨化心境，就讓過去不好的事隨風消散，一起迎接新的一年！」

藏鋒絲竹樂團團員輪番演出一曲一曲的美妙樂音，如東北民族地方曲〈送肥〉、〈啦呱〉，描述農忙閒暇之餘，農夫恬安淡泊快樂的生活，和邱老師的二胡獨奏〈賽馬〉，傳統的絲竹器樂饗宴，同學們個個專注聆賞，就像在國際音樂廳般享受。

前面的六位同學原本表情呆滯，無神沮喪，漸漸放鬆後，神情變得柔和多了。

副團長曾禾蓁向臺下的同學說：「吹笙的那位，是我的孩子，他有先天性聽障，這一生都需借助助聽器，但是只要心理健康，身體的障礙就不是障礙，因爲他從不覺得自己跟別人有何不同。同學們！生命是很奇妙的，有時候看似不好，但在轉彎處，它會給你另外一個奇蹟或驚喜！」

曾禾蓁輕描淡寫地說，陪伴孩子的過程，每一位父母都用盡了心思，只是自己一家比較幸運，選擇音樂療癒生命的缺口，陪伴孩子跨過障礙，向生命的另一奇蹟邁進，自然會看到人生的新契機。

邱秉鎰夫妻帶著孩子們以「音樂」布施，對全體團員來說也是一種人生教育與生命體驗，發揮生命的良能和價值，讓團員在成長的過程中，懂得去珍惜人生和周遭的萬

紀邦杰醫師代表慈濟贈送靜思語木匾給臺中看所守，陳耀謙所長代表接受。（攝影者／彭東整）

事萬物。

最後，邱秉鎰帶動同學跟著樂團的伴奏，唱出〈感恩的心〉：「天地雖寬，這條路卻難走，我看遍這人間坎坷辛苦；我還有多少愛，我還有多少淚，要蒼天知道，我不認輸；感恩的心，感謝有你，伴我一生，讓我有勇氣做我自己，感恩的心，感謝命運，花開花落我一樣會珍惜。」

最後邱秉鎰告訴同學：「這一首歌在告訴我們，縱然每個人際遇不同，但只要有健全的身心，一切都還有希望。大家一定要爲自己加油！給自己信心！」

唱著唱著，感動的歌聲逼出許多人的淚水，如果社會上，人人有一顆感恩的心，就不會有這麼多埋怨與不滿，當然犯罪率也會降低。

後來，大家才知道，陳耀謙冒著極刑犯可能鬧事、逃走的風險，親自向戒護人員保證，自己下公文到各科室，並且爲了顧及他們的面子，解除他們的手銬腳鐐，等於是以自己的人生生涯作賭注。

極刑犯之一阿宏，進到看守所時才二十五歲，已經在這兒關了八年。十幾歲時，同學唆使他去搶劫同學阿嬤的錢，結果一不小心，阿宏將同學的阿嬤推倒，因而往生。

打官司時，身爲老師的父母沒有請律師，阿宏也覺得殺人償命，是他該還阿嬤的，因而當場認罪。他原想，關個二十幾年後，還是好漢一條，沒想到最後的定讞是極刑，他才明白自己過於天眞，帶給父母無窮盡的痛苦與悲傷，很對不起父母的養育之恩。

後來他在所裏學畫佛像，花了五十多個小時，完成了一幅栩栩如生、莊嚴慈祥的「普賢菩薩」黑白畫作。所方拿去臺中市文化中心展出，希望有緣人能夠請回家供養，所得款項會捐作公益之用，也算替阿宏植福田。

可能因爲阿宏靜心畫佛像的關係，他的面貌圓潤，也如那一幅菩薩畫像一樣慈祥。所謂相由心生，即使行刑在即，他看起來就像一尊菩薩般灑脫、清淨，完全沒有一般重刑犯的緊張與不安。

陳耀謙告訴志工們：「畫者雖是『重刑犯』，現正在提起非常上訴。我們也祝福他，不管結果怎麼樣，都要以平靜的心去面對，對未來的重審雖抱持樂觀態度，但也要做最壞的打算。他已經能夠很豁達地看待人生，珍惜每一天，不煩不躁，專心作畫。」

志工讚歎他：「難怪畫得如此莊嚴，現在你的面貌就像一尊菩薩！」

「有老師教嗎？學了多久，畫的菩薩面容如此慈祥！」

「信佛嗎？爲什麼想要畫佛像？」

志工們你一句我一句，好奇地問，他只淺淺地笑，不避諱地一一回答大家的提問。

「是霧峰某寺廟的師父來所裏教的，室友跟師父學了很久，我是最近這兩年才開始信佛，信佛後才跟室友學畫，師父也給我很多指導。」

阿宏始終帶著開朗的笑容，告訴志工：「我年輕時，衝動講義氣，剛進來時，心想錯就錯了，反正十八年後又是一條好漢；既然事情已經發生，就承認錯誤。本來還抱著一命還一命的道理，對人生毫無留戀，連父母要為我找有利的證據，我都不要，更不想花錢找律師為我辯駁。但夜深人靜時，想到身為獨子的我，還年輕就離開人世，養育我的父母會何等的悲傷難過，常常夜裏躲在牆角哭泣。」

志工們聽了很不捨，像疼自己的孩子般地安慰他：「我們都為你祝福，相信你這麼有心畫菩薩，菩薩也會保佑你的。有空的時候多念佛，為自己和為往生的阿嬤祈福，向阿嬤懺悔，你是年少不懂事，不是故意置她於死地的，希望阿嬤原諒你，恩怨能在這一世全部勾消。假設已經到了最後的地步，你也能心安理得，好嗎？」

阿宏點點頭答應志工，隨後跟著所長回舍房去了。

歲末祝福已經進入尾聲，天下沒有不散的筵席，生離死別總是苦，極刑犯頻頻轉頭，無奈的苦笑表情，似乎在向大家說再見，也好像在向所長致謝：「所長願意冒著『丟官』的風險，讓我們在人生的最後階段，能夠與大家一樣平起平坐，聆賞一場音樂會，內心感到很平靜！」

陳耀謙很不捨地目送他們回去，擺著手向他們說：「再見！祝福你們！」他對這六位同學的不捨，就像一位慈父，爲他們舉辦一場送別音樂會，讓他們一路能帶著一顆沒有怨與沒有恨的心，安然走完一生，來世能夠有個踏實的正向人生。

「所長，您這樣善待這些孩子，他們這一生一定很感激您的！」

「昌美老師，我媽媽生前常跟我說，要學習上人的大愛精神，我任職的所方，常常看到這些孩子出去又進來，父母內心的苦，是無法用言語取代的。我媽媽已經不在人間了，我無法再孝敬她，現在這樣做就是回饋對媽媽的愛。媽媽生前還說希望我能見到上人，做上人想做的事，昌美老師，我有機會見到上人嗎？」

「所長這麼有心，我一定設法幫您問問看！」李昌美隨即請紀邦杰醫師安排。

§§§§

清晨時光，證嚴法師才剛用完早餐，絡繹不絕的訪客陸續進入會客室，紀邦杰醫師、李昌美老師和李美燕也帶著陳耀謙所長進來。

法師輕緩地答話與來訪者互動，讓陳耀謙又想起了母親，不由得感到內心悸動，「要忍住，不能在這樣的大眾場合裏掉淚。」

「上人，這位是看守所的陳所長！他非常愛所裏的同學，視他們如自己的孩子一樣，很關心他們！」李昌美話語停頓，對李美燕說：「你來講好了！」

「好的！上人，我們這一次去辦歲末祝福時，陳所長很慈悲，親自去帶六位極刑犯來參加，我想讓他自己來說。」李美燕想了想，決定讓所長自己和法師分享。

「上人，您好！我媽媽很尊敬上人，她也是慈濟會員，從小就教育我，有能力的時候要多幫助困苦的人，我們是一個非常傳統的家庭……」陳耀謙滔滔不絕地說，媽媽教育他要知書達禮等，「媽媽往生前，跟我說她這輩子最大的願望，就是希望我能夠追隨上人的腳步！」他聲音有些哽咽，隨即又回神過來。

「師姊們到所裏幫忙同學，是因爲無私的愛，才會讓所方的長官、同學很感動。」陳耀謙告訴法師，曾在高雄戒治所遇見慈濟人進去關懷，同學在圍牆內這段時間，是最無奈、最困苦，更需要宗教的力量來幫忙。

法師專注、耐心地聽所長說話，接著也舉了很多例子，如在花蓮，慈濟志工很早以前就進入花蓮監獄關懷受刑人，輔導了不少人出獄後，走向正途，改頭換面做志工。法師再舉臺中的蔡天勝爲例，帶出許多位更生人翻轉人生，同時也在學校宣導反毒等。

法師讚歎陳所長身爲公職人員，能設身處地爲這些不小心走偏的同學盡一分心力，眞的很不簡單，也是付出無所求的大愛。

第六章

戲話人生

人與人之間，最需要的就是愛與溫暖。證嚴法師每日對眾的開示，也是感恩、尊重、愛的智慧語彙，這些智慧語被整理成《靜思語》，被許多人奉為人生座右銘。

教聯會老師們到看守所上課時，藉著「靜思語」為媒介，多年來從送小卡片、木匾、到書籍，正如陳耀謙所長向證嚴法師說的：「把上人的每一句話，放在心上，隨時叮嚀自己，就是正向力量的成長。」

這股正面的力量也在同學心裏滋長，慈濟志工贈送《靜思語》各四百本給戒治所和看守所已經屆滿一年。戒治所讓同學寫讀後心得、以演講的方式來回饋慈濟人，同時挑了幾篇同學寫的心得呈給證嚴法師。法師很欣慰地收下，他認為一時走岔路的同學，在老師們愛的呵護和陪伴下，真誠地懺悔和體悟，將來出去後，比較容易讓社會接受。

看守所的收容人，多半刑期比戒治所長，王俊壹科長希望同學讀過《靜思語》後，能牢牢烙印在心裏。他時時在想，「《靜思語》這本書，都已經發下去了，我要怎麼讓它落實，扎根在同學的內心呢？寫心得，寫過後，沒多久就會忘了，要來想一個讓同學可以永遠牢記在心的方法！」

他又想：「不如規畫一個文康活動，在現場抽背。唉呀，這樣也很麻煩。不夠活潑的活動，很難啓發人心！」

左思右想，一時拿揑不定，手頭上的工作又多，王俊壹其實常常被同事問說：「自己的分內事都讓你忙翻了，還要自找麻煩，政府會給你多一份薪水嗎？要你這麼忙？」

他只顧左耳聽，右耳出，不將這些話放在心裏。可是辦活動一定需要各單位的協助，比如戒護科、工場等，王俊壹因此一個單位走過一個單位，找主管協商、溝通，請導師挑出同學來，協助戒護，讓同學抽空參加活動。

有的單位主管藉口推託：「都沒有人手了，你爲何還辦這個活動，就少辦不是更省事！」

「他們的作業成績，也需要啊！」

……

每個單位主管發出的抱怨聲林林總總，王俊壹可以選擇不辦活動，沒有人會說他不對。然而，他認爲對同學有幫助的，而且所長很支持，這就理當要做。

他的出發點就是這麼單純，所以不論多忙、遇到多大的障礙，尤其看到李昌美的團隊爲了同學任勞任怨，走進走出地事先規畫，即使走得背駝、腳痠了，也不當一回事。

慈濟老師每次進到看守所辦活動，最忙的人就是王俊壹。他要召集協辦活動的同學人數、場地會勘、安排戒護人員等，把關每一個細節，即使忙碌又繁瑣，但每次看到同學參加活動時感動掉淚、綻放燦爛的笑容，或踴躍地發言，再辛苦都覺得很值得。

「到底要用什麼方式來呈現『靜思語』呢？」他想了又想，實在想不出更好的辦法。

「啊！有了，演話劇！昌美老師他們來辦活動，不是常常用演戲的方式嗎？」能夠想到這個方法，他好興奮，「演話劇最好不過了，除了表演的同學，還有來看話劇的兩百多位同學，演出來肯定會影響很多人的。」王俊壹愈想愈覺得妥當。

他還想到一點，表演的同學，每天重複排練，自然而然就會將《靜思語》深刻印入心版，除了對自己有幫助，也會影響其他同學。

「對，就這麼辦！」他另外構思，「得到話劇第一名的同學，要再讓他演一次，演給其他沒有看過的同學看，讓他們也能感動。」王俊壹認為演話劇就像看電影、臉書一樣，會激起人的情緒，把心門打開。

他想到一個獎勵辦法，比賽得到第一名的團隊，優待第一個懇親，還可以加分，受刑人分數高，得到假釋的機會就大。

有了這麼好的構想，他趕緊去問同學的意見，「不然，我們來辦話劇比賽吧！主題就從《靜思語》裏頭挑，以上人講的話當主題，時間是十到十五分鐘，同學們可以盡情地發揮。」

辦話劇比賽，第一要寫劇本，第二要背臺詞，第三要排練、預演，如此一再重複，等於將《靜思語》讀了無數遍，一定會牢記在心的。

「科長，好啊，您就放心讓我們自己發揮吧！」有一位被大家稱爲「大尾鱸鰻」的同學，一馬當先，帶頭贊同，其他人也紛紛響應。

離話劇比賽還有三個月的時間，同學們利用晚上不必上工的時間，開始忙碌起來。

看守所共有十二個作業工場，其中有八間委託加工作業工場，有烘焙、木工、鐵工、包裝、紙品加工、縫紉加工和任何可以加工的產品，藉以訓練同學謀生技能。

白天，如社會上班族，同學由戒護人員帶領進入工場，朝八晚五，生活作息如規如律。一方面養成勤勞的習慣，一方面藉著工作學習謀生技能，學有一技之長，一旦將來回到社會上，生活有了方向和目標，再次誤入歧途的機率也比較低。

忙碌的白天讓他們無暇想其他事情，可以避免同學間產生不必要的衝突。現在爲了演話劇，同學們又多了一個新目標，他們積極分配工作，有的人找故事，有的人找適合的「靜思語」來搭配，因爲王俊壹科長交代過，每一個工場演的主題不要重複，角色、導演、道具、背景、音樂，都要靠同學們的創意去發揮。

挑「靜思語」當主題，一本這麼厚的《靜思語》，要選哪一句好呢？同學們傷透腦筋，過了好多天，還不見有哪一工場先提出主題。

王俊壹想說：「不如這樣，你們每天寫一句『靜思語』放在黑板上，來來回回複習，念久了，不僅牢記在心裏，了解道理，自然也知道哪一句最適合你們要演的劇本了！」

「科長聰明，就這麼辦！」

王俊壹再告訴同學：「這一次不是我評審，要請慈濟的老師來評審，你們要拿出眞本事來，將平時老師教導你們的，不管是道理、佛法、環保等，都可以盡情發揮！」他還向同學說，如果今年辦得好，明年會再繼續。

辦話劇這件事，李昌美和李美燕等慈濟人，事先並不知道。王俊壹也擔心第一次辦，同學在鐵圍內，不易取得資源。時間一天一天地過去，要同學們選不重複的主題，彼此間又不能私下溝通往來，所以他自己就隨手翻了翻，順手抄下幾句。

「來，我挑了這些讓你們選，都不可以重複主題，道具很重要，要用心去思考，從工場裏找出可用的素材，善加利用。」

「啊，這一句好，『原諒別人，就是善待自己』，很適合你車禍那件事！」

「還有這一句，『人生最大的懲罰是後悔』，也適合我們這一工場。」

八個工場都選了適合自己主題的「靜思語」，同學們立刻進入企畫、寫劇本、編劇、製作道具，發揮身邊可回收再利用的素材，進而導和演等，一切都在計畫進行中。

李昌美團隊和李美燕計畫到看守所內辦浴佛活動，這時，王俊壹才透露說，當天同學會有話劇表演。

「眞的？演話劇？」李美燕很驚訝，怎麼一直都沒聽說，其實她擔心的是，沒有聽到同學說要彩排，演出的劇目會是什麼內容呢？

「是眞的，同學從二月就開始籌畫了！」王俊壹顯得胸有成竹。

「我們怎麼都不知道，浴佛活動的內容要怎麼安排？」李昌美心想，萬一話劇的內容與慈濟的方向不符，該怎麼辦？

「放心啦！同學們受到你們那麼長時間愛的關懷和陪伴，多多少少一定有感受，他們肯定不會漏你們的氣！」王俊壹反過來安慰李昌美，將自己的構思來龍去脈說給李昌美和李美燕聽，「每次參加你們辦的活動，上人的法，我都領受到了，我希望同學能將你們送的《靜思語》，好好地牢記，才想辦個不一樣的活動，藉著不斷反覆練習臺詞，等於一直在懺悔自己因為無明釀成的過錯。」

王俊壹還說，他與每個單位長官不斷地溝通，「你們都知道，每一次要辦活動，最忙的是我，我這個單位人手已經很不夠了，為什麼要把自己搞得這麼忙？我也可以多一事不如少一事的，就是希望同學在獄中能有收穫，而不是白白被關，出去後又再次犯錯。還有，我希望他們牢牢記住《靜思語》，這對他們的人生會有所影響，其中最重要的就是回饋各位老師、志工對他們不離不棄的愛心呵護。」

聞言，李昌美和李美燕非常感動，紛紛表示：「同學真的很幸福，有這麼個好長官愛他們。」

李美燕接著說：「上人說，浴佛也就是浴我們心中的佛、洗我們的心，同學們藉著演話劇詮釋『靜思語』，來浴他們心中的佛，且讓我們拭目以待。」

轉迷爲悟「開麥拉」

五月三十日這天，話劇就要演出了，臺下觀眾席滿座，由同學們自導自編自演的話劇馬上要上場，每個人都睜大眼睛要來看。

首先由二工先登場，他們的主題是：「原諒別人就是善待自己」。

舞臺上喧譁吵雜、杯觥交錯，桌上幾盤小菜，啤酒、五加皮散滿桌面和桌下，小林舉杯向王經理敬酒，「乎乾啦！今天這樁生意，若沒你的協助，還眞談不成哩！」

「嘜客氣！你也眞認眞，幫你做成，也是應當耶！」王經理回敬小林，「等你領到獎金要請我哦！」

「No problem.（沒問題），一定要的，再來一杯！」

此時，王經理的手機聲響起，「哥，什麼代誌，哦！我哉。」

小林快步走去結帳，並趕緊回頭對王經理說：「我來叫車。」

王經理認爲太慢了，「我們騎車較快！董事長送急救，我跟老總約在醫院會合。」

小林和王經理並騎機車。

「不要騎那麼快，不差幾分鐘，小心點。」小林對王經理說。

「我知道啦！」王經理口氣急躁地回應。

「小心！」小林才喊出聲，兩部車已經撞上了！

「啊！」「啊！」……「慘了！」

「嗚咿——嗚咿——」救護車從遠而近，刺耳的鳴笛聲迴蕩在空氣中，讓人不禁打冷顫。

急診室裏，醫護人員忙進忙出，王經理手綁吊帶，手臂手肘全裹上繃帶紗布，小林的手也是。

陳同學最嚴重，頭、腳都受傷，躺著吊點滴。

此時，手機又響起，「哥，我人在急診室啦！」

王總經理來到急診室探望弟弟王經理。「老弟，你怎麼了，有沒有輸血給爸爸呢？」

「我車禍受傷，流血過多，打了破傷風，醫師說不適合輸血。」

此時，醫師剛好走了過來。「王董是ＡＢ・ＲＨ陰性血型，醫院血庫庫存不足，我們已通知捐血中心緊急協助處理。」

「醫師，我爸爸現在很虛弱，拜託您盡速處理。」

「那是我們的職責，捐血中心已通知罕見血型捐助人來輸血。」

王總走至王經理身邊，指著他說：「你看都是你，喝酒還騎車，害人又害己。」

「醫師你好！我就是ＡＢ・ＲＨ陰性血型，也是捐血中心特殊血型捐助人，請叫護理師來驗血，好輸血給病人。」陳同學的爸爸說。

「Miss 陳，驗血確認後，立即輸血。」

護理師小心翼翼地先替陳先生驗血，確認後馬上抽血，「陳先生，您人眞好，不簡單！」護理師抽完血，比著大拇指，表示讚歎。

「你看，你撞傷了陳先生的兒子，人家還願意捐血給爸爸，你怎麼對得起陳先生，怎麼報答人家？」王經理被這場車禍撞醒了，後悔自己不該老是如此莽撞。

「你是肇事的王先生嗎？」警察拿著酒測器走向王經理。

「是的，是我。」

「發生車禍時，依法我們需對你作酒精濃度測試，請配合。」警察拿出酒測器，請王經理大口吸氣，再對著它用力吐氣。

警察一看，「王先生，你酒測值零點七五，已超過標準值零點一五，依法你已涉及公共危險罪。」立即給他銬上手銬，「待會兒，我們必須將你移送地檢署審訊。」王經理整個臉都嚇白了。

陳先生弓著手臂在輸血，手機在此時「鈴、鈴」叫了起來，「你好！哪位，哦！主任你好，對不起，小孩發生車禍，我人在醫院，沒辦法過去實習，明天可以嗎？」他停了片刻，說：「哦！我知道，謝謝！」表情顯得有些失望。

「陳先生，很抱歉！我弟撞了你兒子，你還捐血救我爸爸，眞不知該如何報答你，謝謝你！」王總經理深深向他鞠了躬。「剛剛聽你講手機，好像有麻煩困擾，願意告訴我嗎？或許我能幫得上忙。」

陳先生客氣地回應，「救人是做人的本分，別客氣，應該的，《靜思語》書上說：『不斷發揮生命的功能，才是有價値的人生』；對別人多一分原諒，就能得到十分的福，所以說，『心寬就是福』。」

「我因工廠關閉，小孩還在讀書，很需要工作，今天發生車禍，我知道你弟絕非故意的。沒關係，別太掛意，工作再找就有了。」

「我了解！」王總停了片刻，繼續說：「陳先生，我工廠剛好在應徵一位廠務管理，不知你願不願意來我們工廠服務？你爲人如此善良大量，你的能力定能勝任。」

「謝謝你，不知我的能力能否符合公司需要？」陳先生一聽，精神一振，臉上的陰霾不見了。

醫師、護理師再檢查他們每個人的傷勢，王經理和小林在一旁接受警員作筆錄。

「放心吧！依我看，你爲人寬宏大量，心思又細膩，能力上一定能勝任。」王總要陳先生隔天八點到公司報到，並遞給他自己的名片。「這是我的名片，順便我弟也應對車禍做和解補償，可不可以呢？」

「謝謝你，明天八點見。」此時，醫師走了進來，向王總微笑地說：「王總，你爸爸情況穩定了，多虧陳先生的捐血救助。」再轉向陳先生，「陳先生，你的寬宏大量令人感動，我佩服你！」醫師雙手合十向他鞠躬行禮。「現今社會正需要多一些你這樣的人。」

溫馨的一幕感動了其他在場的病患……

戲演到此，臺下的同學掌聲持續不斷地響著，看來幫助人、原諒別人、包容別人，正是社會需要的一股正能量。

「王先生，切記，『開車不喝酒，酒後不開車』，『酒後開車，害人又害己』。」

所有的「演員」走到舞臺前，醫師站到正中央，向臺下的同學說：「今天我們都要學習陳先生的寬諒行爲，他的行爲正是《靜思語》中的『心寬就是福』。」

醫師繼續說：「主旨就是——『發揮生命的功能，才是有價值的人生。』『對別人能多一分原諒、多讓一分，就能得到十分的福。』」

全體人員跟著齊聲說：「『原諒別人，就是善待自己。』二工場所有表演人員，感謝長官來賓蒞臨指導，下臺一鞠躬。」

司儀說：「看得出同學很用心將『靜思語』透過情境來詮釋，眞的很精彩，再給他們熱烈的掌聲！」頓時掌聲響徹整個禮堂。

「震撼啊，演得眞好！那部道具車做得維妙維肖！」李美燕忍不住向一旁的王俊壹比出大拇指，讚歎！

2016 年 5 月 30 日臺中看守所舉辦「靜思語話劇比賽」，所內八個工場分別以一句「靜思語」為主題，演出精彩故事。（攝影者／留榮松）

王俊壹從頭到尾笑逐顏開，經過幾個月來的引導，終於展現漂亮的成績了，高興地說明那部車，是利用回收的鐵架和垃圾袋製作而成，逼眞又環保。

「王科長，您眞的很用心，我們也很感動同學能將《靜思語》讀入心中，而且藉著故事呈現它的含意，這對其他同學也會有好的影響。」

事後，王科長告訴李

昌美，演醫師的林姓同學，原是從事電機相關行業，因爲酒駕發生車禍，一時害怕冒用弟弟的姓名爲肇事人，因此觸犯了僞造文書罪而入獄。

林同學讀了《靜思語》後，懺悔當初一念之差造成牢獄之災，他勇敢地將自己的生命故事拿來撰寫劇本，其中有關專業醫療知識，他還特別請媳婦幫忙郵寄相關的醫療書籍當參考書。

他除了自己懺悔外，在劇本裏也反映希望受害家屬能原諒他，不要把怨恨放心中折磨自己，眞希望自己能有機會向受害家屬說：「拿別人的過錯懲罰自己，很不值得。」

浪子回頭金不換

「接下來是三工場的演出，劇目是『大尾鱸鰻浪子回頭』。」司儀繼續串場……

負責寫這齣劇本的陳姓同學，以前常參加廟慶的八家將表演，所以場景就以廟前的舞蹈表演開場。他體悟以前不懂事做歹事傷了母親的心，藉著這次活動發露懺悔。

剎時，戲開始上演——

「豬仔」隱瞞母親在廟口當混混……

誇張的臉譜、一口獠牙，步伐陽剛的八家將，在鞭炮鑼鼓聲中，威武十足爲人間解運祈安。但卸下一臉彩妝後，豬仔——廟口的「最大尾鱸鰻」，全身刺龍刺鳳，面帶兇悍，令人畏怕。

廟口前喧騰吵雜聲，鑼鼓聲強強滾，臺上的同學正賣力演出自己過去的人生……

陳仔是編劇，要演這齣劇前，他曾力勸阿斌演老大的角色。

「甭啦！甭做老大，我在外面有夠壞，又要在這裏做老大！我沒這種勇氣！」阿斌身材粗獷又全身刺青，一看最像老大的樣子。

「《靜思語》的書你拿去看看！」爲了說服阿斌，陳仔拿書給他，看他會不會看了有所感動。

「《靜思語》的書，又沒什麼好看？好像在念經。」阿斌接過書喃喃自語，一點都不感興趣。

只讀到國中畢業，識字不多的阿斌，要他靜下心來看書，簡直是天方夜譚。可是每次下了工、收封後，對同學們來說，漫漫長夜實在難熬。一天晚上，阿斌感覺無聊透頂，隨手翻開《靜思語》，好多字都不認識，只好硬著頭皮請教陳仔。

「一個人若是沒有腳，那只是一個人的不方便，若是有雙腳卻不走正路，那不知道會害多少的人？毀了多少的家庭？」

三工場同學演出「大尾鱸鰻浪子回頭」，藉由親身故事反思，發露懺悔。（攝影者／留榮松）

阿斌細細咀嚼體會其中意思，「這根本就是在說我嘛！我有雙腳，又沒走正路，是害自己，也害到很多人。」

有了體會後，阿斌接下「大尾鱸鰻」的角色，同學們撥出休息的時間彩排，漸漸地投入劇中情節後，內心有股難以言喻的力量，到底過去的自己是怎麼回事？

阿斌升上國一時，父母離異。正值叛逆期的他，生性愛玩而結交到一群不想讀書的朋友，到處惹事生非。母親管不住這匹脫韁的野馬，見他不好好念書，身心俱疲，拋給他一句話：「我管不住你，你回去臺中跟爸爸住。」

「好啊！」阿斌頭也不回離開苗栗，到了臺中，原想找份工作定下心來，但頂多做個兩天就離職。

有一天，一位朋友來找他，說要帶他去找一位「阿兄」。

「甘有錢通賺（可有錢賺？）」阿斌雖然愛玩，但向來不拿家人的錢，想靠著打工養活自己。沒想到，這一出門，正是推著他走入最混亂、陰暗、深不見底的深淵。

阿斌加入了討債公司，與兄弟們四處幫老大討錢，爲了看起來有夠大尾，他全身刺龍、刺鳳，賭博、飆車、打殺、吸安非他命，樣樣來。叼著菸，滿口紅吱吱的檳榔液，阿斌與兩位兄弟，亮出手上的七首往桌上一丟，侵門踏戶地追討債務：「你們現在是按怎？叫你們拿錢出來是聽嘸？」

被逼得走投無路的兩夫妻嚇得全身癱軟，苦苦哀求說：「會啦！再慢兩天，錢一定還。」

「好！一句話，下一次若是拿不到錢，不是讓你們斷手就是斷腳。」他撂下狠話。

兩年來，渾渾噩噩地在外過著不見天日的黑暗生活，阿斌從來沒想過母親和阿公、阿嬤每天都爲他擔心掉淚。

直到阿公病逝，嬸嬸拉著他到阿公靈前，要他好好懺悔。跪在靈前的阿斌，看到阿公冰冷的身軀，想起往昔倚門盼著他的阿公，不禁泣不成聲：「阿公，阿斌會乖，以後不會再做出對不起大家的代誌。」

話才說過不久，過了幾天收斂的日子，阿斌熬不過朋友的引誘，對阿公的承諾拋諸腦後，又開始過著兇狠惡鬥的討債生活。

「好！再拚拚看，等賺足了錢再收手。」阿斌這樣安慰自己，想到一旦賺到了錢，就可以與疼他的阿嬤過快活的日子。

討債並非順利，常常討不到錢，達不到老大的要求，受到老大的奚落。他漸漸發覺這份工作風險大，不好賺，他不想再玩命，不要再過著膽戰心驚的生活。抱著只要肯吃苦，不怕沒錢賺的心態，阿斌跟著表弟一起改行做電焊的工作。

電焊的老闆過去也是兄弟人，組了家庭之後又創業，幸福圓滿。阿斌回頭想想自己的人生，「我也可以像他一樣，結婚生子，然後當老闆。」

阿斌給自己許下未來的憧憬。

半年後，姊夫要他一起到臺中港做搬運貨物的工作，彼此有個照應。姊姊和姊夫常鼓勵他：「只要靠自己雙手賺錢，賺來的錢不偷不搶，都能心安。」所以，阿斌甘於在烈日下，做著粗重的工作，漸漸脫離過去的兄弟生活圈。

然而，該來的還是躲不過。有一天，一位兄弟突然邀約一起喝酒，三杯黃湯下肚後，找他出面幫忙討一筆債。講義氣的阿斌有些遲疑，「兄弟，我們這樣做好嗎？我現在工作很穩定喔！不對！我們去，會不會被對方告私闖民宅？不然這樣，我載你去，你自己進去講。」

阿斌本不想再蹚這種渾水，試著說服朋友，但事後又想，總是兄弟一場，幫個忙應該不會有事。來到債務人家中，阿斌停車在外面幾分鐘後，擔心朋友喝酒怕出事，就尾隨進去，怎料到朋友與對方起了衝突，雙方一言不合，朋友動手打對方，阿斌見狀不妙，在混亂中想扯開雙方。

但朋友欲罷不能，扯著衣領嗆聲：「拿不到錢就要你斷手斷腳！」不只如此還搶錢，兩人才快速離開了現場。

事後，阿斌懷著忐忑不安的心想著，「這下一定完蛋了！」他想著要如何甩開朋友，但朋友一直賴著不走，只好又載著朋友回到家門口，沒多久警車就來圍捕他們。

擔心的事終於發生了，阿斌被法庭宣判「強盜」罪名，非常不甘心，上訴到最高法院，法官即使了解狀況，最輕的刑罰就是三年，而朋友被判了七年。阿斌覺得好冤，又無可奈何，只能慨嘆自己心不定，是上天對他的懲罰。

三年鐵窗生活，讓他「悔不當初」，都已經步入正軌，脫離過去的生活，爲了挺兄弟卻落得如此下場。

籌備話劇期間，對阿斌來講，最能靜下心來思考過去及未來，這樣的心境，是前所未有的經驗。他回想自己的所做所爲，一直讓媽媽感到痛心，「媽媽打我，我不會還手，不會逃，一定讓她打到停手爲止，絕不掉淚。」從小到大，阿斌常常挨媽媽的棍子，他不還手，是想以孝回報媽媽的表現。

進入高牆，有一次聽到有訪客來找，他趕緊出去一看，眼淚不自覺掉了下來，「媽！您怎麼來了……」母子間從沒有過的柔眼相視，阿斌從來不曾與媽媽好言說過話，現在他柔聲、關心地問：「您身體又不是很好，大老遠的，以後要來，除非是妹妹陪您，不然就不要來。」

事後，阿斌想到自己竟能講出這麼體貼的話，覺得自己不再是過去的「兄弟人」，他眞的改變了，長大了。

二十八歲的阿斌是個鐵漢子，是位善良孝順的孩子，只是忘了回家的路，浪子回頭金不換，他說：「不一定被關，就是一個壞小孩。師姊有時會引述佛典故事說：『三界如火宅，小孩在火宅中嬉戲，不知火已經快燒到自己了。』現在醒悟，就要趕快跳出火宅。」

爲了演出「靜思語」話劇，阿斌一改過去坐不住的習氣，很認眞地讀劇本和《靜思語》，不知不覺中，潛移默化吸收道理，心不再那麼剛強。三年鐵窗生活，他原本還覺得不服氣，很冤枉，白白浪費青春，後來接觸《靜思語》後，心靈有了成長，生活上也以「靜思語」來規範。他還跟老師學畫畫，畫出自己的興趣，也將得意的作品，寄給想念他的母親。

在看守所的日子，阿斌努力工作學習，勇敢地說出自己懵懂的過去，種種表現優良，受到所長的讚許。師姊也鼓勵他，每天背一句「靜思語」，充實自己，讓好話時時謹記在心，就不容易犯錯。「《靜思語》會是你最好的護法神，可以讓你定下心來分辨是與非。」

阿斌頻頻點頭答應師姊，「服刑完，出去後一定要重新開始，媽媽說，要我去接繼父的事業，我有答應，會好好工作，孝順媽媽與阿嬷。」

「行善行孝不能等」，阿斌已重新找到人生的方向，正努力往正確的路而行。

吸毒是條不歸路

話劇一齣接著一齣，四工演的主題是：「吸毒是一條不歸路」。吸毒是條不歸路，不僅毀了自己也害別人，吸毒後又開車，撞碎了一個一個家庭，藉此懺悔過錯，希望能戒掉這個壞習慣。

劇中的老王問小董：「同學，爲什麼一個人坐這邊發呆啊？」

「在想家唄！」

「在這種地方，誰又不想家呢？不過，別把自己的情緒搞得這麼沈悶！」老王和小董、其他人都一樣，想到家就會哽咽。

「我也知道啊，只是一想到父母親心裏就難受啊！」

老王關心著：「可以體會你的心情啦！這次是因爲什麼被關？」

「唉！還不是老樣子，又是吸毒、竊盜！」

老王也慨嘆說：「和我一樣啊！唉，吸毒眞是一條不歸路啊！」

「是啊，以前總以爲自己意志堅定，不會上癮，誰知道一試就無法自拔了，現在想想眞是後悔啊！」就在這個時候，他們拿出了「靜思語」海報——「人生最大的懲罰是後悔」，與臺下的同學分享。

老王問他：「你這次是第幾趟啊？」

「第五次了，這次進步，老婆跑了，爸媽也都不理我了，所以眞的不能再這樣下去了。」小董自我調侃。

「那你竊盜是怎麼回事？」

「打蚊中胡神啊（要打蚊子卻打中蒼蠅）。」

老王一臉疑惑，聽不懂小董在說什麼？「就是原本要調查我竊盜，卻又中了毒品。」老王還是不懂，「怎麼會這樣呢？」

「說來話長啊！不過我也算是遇上一個好法官啦！」

「好像很複雜！」

小董說：「還好啦！這樣子好了，我放影片給你看比較快！」

影片裏，法官正在審問小董。「董先生，你的前科案件很多喔！」

「多也沒什麼啊！那都是些小案子啦！」

法官斥責他：「最好不要有這種心態！」

「好啦！要辦就辦，哪來那麼多話！」

法官轉換語氣勸著：「年輕人有氣魄，年少氣盛是難免的，不過，別把氣魄用在錯的地方。」

小董不服地回法官：「我……我……」

「我什麼我！這裏是法庭，注意你的態度！」

「好好好！我配合就是了！」

法官看了他一眼，懷疑他喝酒：「咦！你眼神怎麼那麼渙散，喝了酒嗎？」

「沒有，只是有點茫而已！」

法官再問：「不管那些了，你住哪裏？」

「住水路四號！」

法官都給他搞糊塗了：「水路是哪裏？」

「水路就是這啦（指手，毒品打血管進入），四號就是海洛因啦！」

法官實在拿他沒辦法：「看來你還搞不清楚狀況！」

小董迷糊地問：「啥米狀況？」

法官告訴他：「這次是請你來調查一件竊盜案子，原本還不想收押你的，這下剛好，還水路四號，以後你就報培德十一號了。」

「怎麼這樣！」此時，小董不再迷糊了，好像不打自招。

法官告誡他：「唉！毒品毒害你一輩子。」他打開「靜思語」海報，「看清楚這句話，好好想想你的家人，這本《靜思語》給你，抄一遍，這樣我會考慮輕判。」

老王終於了解他爲何被關進來的原因了，「哈哈哈，原來這就是『打蚊中胡神』。你眞正天才，還水路四號咧！」

「好啦，你別笑話我了。」

老王有所領會，向臺下的同學說：「不過毒品是眞的不能碰啊，你等等，你看這一位是拉K的，現在還包著尿布；這一個是吸安非他命的，現在還拿著一個碗不停地擦，想嗅聞出毒品的味道。那這一個和你一樣，水路四號，到現在你看看，成什麼樣子了？」

小董很懺悔地說：「唉，這一趟，我是深深體會到了。」

「體會到什麼？」

「人生最大的懲罰是後悔啊！」

老王也有同感：「嗯，說得沒錯！不過也別太喪氣，肯改過，那就不算太晚！」

他打開「靜思語」海報，走到臺前讓同學們看：「所謂人生困難重重，有心就不難！」

「對啊！就像《靜思語》上說的，『該做的事，排除萬難也要完成；不該做的事，無論任何困難也要堅持立場。』」

另一位K王子也有同感：「聽你們這麼說，我也感觸良多啊！」

老王問他：「你是爲了什麼進來的，拉K不是只有罰錢嗎？」

「唉！因爲K他命害我卡到業務致死啊！」

小董、老王齊聲好奇地問：「怎麼說？」

「我的也是說來話長啊，就讓大家一起來看VCR！」K王子不斷操作音控，就是沒有聲音出來，「ㄟ！奇怪囉，我的怎麼不播咧？」

小董有些得意，「哈哈，這臺可是會認聲音的！我來幫你喊吧！請看VCR！」

影片中播放著一群人在PUB歡樂的畫面，讓K王子好羨慕。「哇！小緯，跟你們一起開趴，眞好啊！有女人、K又吃不完。」

「你就有所不知了！這些可都是爲你準備的，K可都是馬來K，還有鐵觀音。」

「認識你這個朋友眞是太好了，現在好茫啊！大家一起來跳舞吧！」跳著跳著，K王子茫茫然，不知怎地就又進到看守所來了，一直到清醒時，懺悔也無濟於事了。

小董長嘆一聲：「唉，原來毒品眞的害人不淺啊！」

老王也有同感：「就是說啊！『人生最大的成就，是從失敗中站起來』，所以我們一定要重新開始！」

「什麼我們？」小董立刻撇清立場。

「不然咧！難道你還關不怕？」

小董的心願不一樣，「不是啦，我的意思是，希望在座的同學無論是爲了什麼進來，都可以靜下心來，好好想想自己的人生！」他打開「靜思語」海報：「生命無價，會用才有價值，不會用則是白白浪費。」

「對！」老王打開他手上的另一幅：「盡人事、聽天命，不要把難放在心裏，人要克服難，不要被難克服。」

K王子打開手中的一幅，他領悟的道理是：「人生困難重重，有心就不難。」

臺上「演員」深深一鞠躬，臺下「觀眾」迫不及待地掌聲如雷，心心相印，誰願意長期進出監獄呢？只怕被困難絆住，有心就能突破種種難關，不再受誘惑。

李美燕愈看愈感動，感覺這些同學改變得很不一樣了，與剛開始的他們判若兩人。「昌美老師，他們眞的很棒耶，體會很深喔，我們的努力沒有白費！」

「是啊，眞的很感動！」

其中簡姓同學初犯吸毒案，被判三個月刑期，他是室內設計師，發揮專長手繪話劇的背景；鄭姓同學也是因爲吸毒入獄，是累犯刑期五年三個月，他很感謝慈濟贈送《靜思語》書籍，讓他在舍房藉著抄寫《靜思語》，撫平浮躁的心情，當煩惱雜念生起，《靜思語》是他的心靈良藥。

「以前不好好讀書，只有小學畢業，識字少，抄寫《靜思語》後，不僅學會很多字，也鍛鍊了毛筆字，收穫良多。」

同學們意猶未盡，司儀趕緊接著串場：「接下來，是五工出場，他們的主題也是：『原諒別人就是善待自己』。」

話說大肚山一處人煙罕見的地方，一間看似平常的寺廟，住著老和尚和三名弟子，該寺名曰：「培德烏龍院」，主祀青燈古佛，莊嚴清淨。老和尚嗜酒如命，雖出家多年，仍酒癮難除，常私下小酌、小飲。

今天，老和尚又在石桌上喝酒，一隻信鴿飛過，老和尚伸手接住，並解下書信一看，表情非常驚恐。信中寫道：「0206震災祈福會」，他急忙收拾桌上的酒杯與酒醰，隨手藏在石桌底下，一臉驚惶地大喊道：「徒兒們，快快來呀！」三名徒弟被老和尚一喊，匆匆跑了出來，一字排開，齊聲問道：「師父，何事叫喚？」

老和尚急聲道：「事出緊急，為師需下山一段時日，你等當以功課修行為重，切莫貪玩，勿忘師囑。」三名弟子上前行禮，齊聲說：「師父放心，我等謹遵教誨。」老和尚滿意地點頭，轉身拎起包袱後離去。

就在老和尚下山參與祈福會時，不肯安分的弟子們開始搞怪了……

數日後，三名徒弟圍在老和尚慣常坐的石桌旁，望著石桌交頭接耳，相視而笑。大師兄開口說：「師父不准我們喝酒，老是說什麼佛家規定不得喝酒吃肉，自己卻藏酒偷喝。你們說，公不公平？」

「確實不公平，不過既然師父不在，不如我們也喝一點，過過癮如何？」二師兄一邊提議，眼睛同時望向其他兩人。

小師弟馬上拍手附和，高興地說：「好主意，就這麼辦！」

「三師弟，快去找酒！」三師弟動也不動，微笑點頭，伸手指著桌下，興奮地說：「你們都不知道，美酒就藏在桌下，你們也知道師父的個性，就是隨便。」說完後，三人哈哈大笑！

大師兄拿出酒罈和酒杯，擺在桌上，招呼道：「來來來，大家乾杯，喝個痛快！」說完開始倒酒，並舉杯一飲而盡，另兩人也跟著乾杯。

第二輪乾杯後，大師兄放下酒杯，望著兩人道：「單是喝酒實在無趣，不如我們來划拳，輸的罰三杯？」

二師兄搖搖頭：「酒就這麼一些，罰酒划拳根本沒幾輪就結束了，不如來段雜耍，豈不快活？」說完又乾了一杯。

兩人望著二師兄，拍手道：「快活，那就有請我們賣藝的來秀一下吧！」說完，大師兄與三師弟相視而笑。

二師兄拿出扯鈴，帶著醉意叫道：「什麼賣藝的，我呢，可是擁有眞功夫的二代傳人，你們說是不是啊？」他一臉自信又帶驕傲，抬頭環視二人。三師弟一臉不屑，大師兄只顧喝酒，頭也不抬，說道：「囉嗦一堆，還不快開始！」說完又是一杯喝盡。

二師兄拿起扯鈴，秀了一段後，不小心跌了一跤，四腳朝天，叫道：

「哎唷喂呀，痛死我啦！」起身摸著疼痛的部位。兩人在二師兄跌倒時捧腹大笑，三師弟邊笑邊說：「哈哈哈！什麼眞功夫？哈哈哈！還說你不是賣藝的，哈哈哈！」他同時指著二師兄大笑。

二師兄愣在原地，跺腳道：「笑什麼？不過是跌倒，也能笑成那樣。」他一臉無辜，又說：「不然你們也來一段嘛！」二師兄說完，伸手搔頭，一副委屈的樣子。

「哼，那有什麼難的，我也會。」

三師弟一臉嘲諷，搶先道：「喔對了，我只有跌倒不會，哈哈！」他伸手接過二師兄的扯鈴，耍了一段後完美收尾，驕傲地說：「怎麼樣？不錯吧？這叫螞蟻上樹，百招之一。」說完環視二人，二師兄別過頭去，一臉不爽，低頭不語；大師兄拿起酒杯，仰頭喝盡，也是不語。

三師弟見二人毫不捧場，將扯鈴往地上一丟，賭氣道：「哼，我就不信你們能比我厲害！」說完拿起酒杯一飲而盡。

大師兄放下酒杯，撿起地上的扯鈴，二話不說，一連表演數招，二人看得目瞪口呆，忍不住拍手叫好。大師兄再給他們一個完美收尾，微笑說：「月掛柳枝、鷂子翻身、大鵬展翅這幾招，讓你們開開眼界而已，沒什麼好炫耀的，我們一起玩比較有趣，來個互拋吧！」

二人一臉興奮，各自拿起扯鈴互拋，三人哈哈大笑，三師弟接到大師兄的扯鈴，高興得大叫：「好耶！」二師兄也拍手叫好，嬉鬧聲不斷。

正當眾人玩得忘我的時候，老和尚已信步來到寺前，而三位師兄弟卻渾然不覺，嬉鬧聲依舊此起彼落。

老和尚停下腳步，立於他們中間，表情嚴肅，已有怒意，大喝道：「放肆！如此胡鬧成何體統？把爲師的教誨丟諸腦後，如何能成大事就大業？」老和尚不發一語，轉身走到石桌下找酒，卻發現空無一物，表情落寞，望向三個弟子，眼光在三人之間來回游移，一字一字加重語氣地說：「好—酒—不—見—！」眼睛停留在大弟子身上，與其四目相對。

大弟子慌忙把目光移開，低頭喃喃道：「阿彌陀佛！」聲音模糊地說：「我沒偷喝！」兩手互搓，一臉不安。

老和尚目光移向二弟子，二弟子不等他開口，急道：「善哉善哉！」同時斜睨三師弟，示意其獨自承擔。

老和尚搖搖頭，盯著三弟子直看，湊近一聞，抬頭斜睨三弟子道：「有酒味！」語氣字字分明。三師弟望向大師兄與二師兄，兩人同時望向四周，再望向老和尚，三師弟叫道：「師父，您怎麼糊塗了？我還有大師兄、二師兄，頂多也三位而已，哪來九位？」說完哈哈大笑，眾人也跟著笑。

老和尚有些生氣：「我要說，你們身上有酒的味道，怎麼貓不在家，老鼠就作怪啊？偷喝酒還不承認是嗎？」

三弟子見老和尚生氣，只好低頭道：「罪過罪過，徒兒知錯，再也不敢了。」說完瞪了大師兄、二師兄一眼，一臉哀怨，二人別過頭，避開三師弟的目光。

三名弟子同時低頭，老和尚手捋長鬚，微笑道：「證嚴上人說過，『勇於認錯而改過，惡人也能成菩薩』，何人無錯？何人無過？人生不怕錯，只怕不改過，知錯能改，善莫大焉，為師多次告誡，而你們卻當耳邊風，令為師心寒。」說完環視三弟子，靜默不語。

三弟子抬頭，同時望向老和尚。大師兄若有所思，二師兄開口道：「『有過則改，無錯修身』，師父諄諄告誡，徒兒卻辜負師父一片苦心，罪過罪過。請師父莫要心寒。」他恭敬地向老和尚行禮。

老和尚點點頭，望著三人，語重心長道：「你們還記得為師教誨，為師備感欣慰。今日所為，當引以為戒，銘記在心，為師不再追究，但也不許你們再犯相同錯誤，勇於面對並改過，才不枉為師苦口婆心諄諄教誨。」說完手捋長鬚，目光平靜，心平氣和。

三弟子行禮道：「徒兒謹記在心，『有過則改，無錯修身。』」

大師兄帶眾人面向觀眾鞠躬，「劇中部分題材帶有戲謔、詼諧成分，是戲劇效果所需，並非汙蔑佛家，如濟公活佛雖酒肉穿腸過，卻仍菩薩心中坐，終能護證菩薩道。是故修道者，當以道心著重，菩薩是我，也可以是在座的各位，各位在座的活菩薩們，阿彌陀佛！」

此齣話劇取自於盧姓受刑人的故事。他平日喜歡研讀易經，劇情就以寺廟爲背景，寺裏的修行和尚偷喝酒，詮釋自己學佛道心不夠，才會抗拒不了誘惑犯下戒律。「演員」藉著話劇告訴同學，修行是修自己的內心，不管人前或人後，都要守戒不放逸。

物質只是短暫快樂

一工演的話劇是「歡喜來入厝」，詮釋人們爲追求物欲，貪取不義之財，物質享受都是短暫的，腳踏實地才能安居樂業。

劇中主角「福氣」，是位個性質樸、單純的鄉下青年，爲了新居落成宴請親友，辦了入厝宴席，來訪的朋友有收賄的鄉長、黑道大哥。

其中有一位有錢有勢的大哥慫恿福氣：「唉呀，最近幾年我去城市發展，蓋了好多大樓，你看我開的是進口車，還有我的手錶，這都是鑲鑽的，亮晶晶的，看到沒有？看到沒有？」

他將手腕上的手錶，湊近福氣眼前，要讓他大開眼界。的確，鑽石在燈光照耀下，閃閃發光，福氣憨憨地望著它看，窘迫得倒退了好幾步。

可是，在用餐時，這位大哥一直無法安心地坐下來好好吃頓飯，

一工場同學演出「歡喜來入厝」，詮釋物質享受都是短暫，腳踏實地才能安居樂業。（攝影者／留榮松）

電話響不停，可以聽得出他與對方講話的口氣，事業做得很大，賺的錢如滾雪球一樣，來得很容易，都是在玩著違背良心、提心吊膽的金錢遊戲。

放下電話，才沒吃幾口，突然又來了一通緊急電話，說是他手下的小弟已經被警察抓走了。福氣這才警覺到，自己蓋的房子雖然小，但是日子過得很心安，這就是《靜思語》上說的：「屋寬不如心寬」的道理。

三國演義好話靜思

「接下來是三國演義……」司儀還沒介紹完，同學們已經掌聲如雷，因爲裝扮得維妙維肖的古裝戲演員，已經迫不及待地出場了。

「我是張飛！」

「我是關羽！」

張飛拿著兩根地瓜，在臺上晃著：「我以前愛打架，老是愛惹事，人家都不敢請我，只好落到現在的下場，烤地瓜啊！不過我烤出來的地瓜香又嫩，甜滋滋的，好吃得很，要排隊才買得到喔！」

關羽拿著兩個籃子，地上有寶特瓶，還有紙箱，「我呢，愛惜這個地球，做資源回收，將垃圾分類，變成可再利用的資源啦！」

「走！走！走！」突然間，一位壯漢出場了，厲聲地要趕走張飛和關羽。「你們兩個都給我走，我已經買下這片山坡地，這裏都是屬於我的了，我馬上要蓋民宿、別墅，這裏要發展觀光！」

「可是，可是我已經在這裏賣地瓜好幾年了？」

「我也是，我在這裏做資源回收也好幾年了，爲什麼要趕我們走？那我們要去哪裏？」

「廢話少說！你在這裏撿那個垃圾，簡直是有礙觀瞻，破壞我的地價！」曹操轉過頭去，搶下張飛手上的地瓜，往地上一踩：「你也一樣，賣這個地瓜能賺到幾個錢？不像我，只要隨便挖一個山坡地，就可以賺進好幾億？好幾億耶，你懂嗎？」三個人搶來搶去，大打出手，演出一場土地爭奪戰。

突然間，一陣搖晃，地震來了，山崩了，土石流竄進新蓋的民宿和度假村，房子倒了一片。「慘了，慘了！我的心血都泡湯了！」眼看自己辛辛苦苦開發的山坡地，全被土石流沖走了，曹操抱頭痛哭，後悔自己不該爲了賺錢砍伐樹木，破壞山林。

「ㄟ！那邊的房子好好的，怎麼都沒有倒？」張飛好奇地問關羽。

「這就叫做順應大自然，他們是按照地形蓋房子，不是隨便挖山坡地，這位大亨與大自然爭地，大自然是有生命的，現在大地反撲了！」有環保概念的關羽，向同學們說：「人受天災人禍苦，均爲貪所賜，墮落及身敗名裂，皆來自於業報。」

這齣話劇詮釋現代社會上地皮爭奪戰的常態，商人只求利益炒地皮，人類的貪婪造成山河大地遭破壞。寫劇本的是一位毛同學，他從慈濟志工播放的影片中得知媒體名嘴抨擊慈濟內湖環保站，覺得慈濟人做環保對人類和地球有益，發揮以前學過戲劇的專長，藉由三國時代諸侯爭奪領土爲人物主角，反映出社會的問題。而古裝戲服是一位有裁縫專長的同學，利用看守所內廢棄的窗簾布縫製成的，就像到專門店租的服裝，非常專業。

戲劇到最後，以前被曹操（大亨）趕走的人都回來了，他們選擇原諒，沒有怪罪大亨，反而同心協力幫忙他重建。

同學以話劇版「三國演義」，詮釋現代社會上地皮爭奪戰的常態，人類的貪婪造成山河大地遭破壞。（攝影者／留榮松）

臺上的演員向同學說：「原諒別人就是善待自己。」結束了這幕戲。

「回收再利用，他們將我們以前帶動的環保概念都搬上舞臺了！」李美燕事後問其中一位同學：「你們怎麼知道用這樣的音樂？」

「您們來上課、帶活動時，會播放一些歌，有些歌很好聽，很適合這齣話劇，就拿來用！」

七工演出的是「『詐機』店」，原本在臺中一中街賣炸雞排的阿忠，因爲抵擋不住朋友高薪誘引他去當詐騙集團的車手，一時貪念起，犯下罪刑，被判入獄。

七工的同學多是因爲詐欺罪入獄，他們藉由話劇訴說自己犯罪的過程，希望同學們將來出去後，不要再陷入求職的陷阱，更不要貪求高薪而犯罪，以免害人也害己。

八工以相聲告訴同學，人生有煩惱，皆來自於人心的貪瞋癡三毒，他們以相聲的方式呈現販毒的緣由，但是說再多的理由都是藉口，開口動舌無不是業，要說話就要說「靜思語」。

陳姓同學喜歡相聲，以前學過，還領有證照。因爲這個單位的同學流動比較大，參與策畫的人員一直變動，爲了讓新進的同學沒有壓力參與表演，陳同學規畫成三幕，沒有道具，只用相聲呈現貼近自己生命故事的「靜思語」。

話劇一齣一齣地演，陳耀謙所長自始至終都沒有離開現場，有滿滿的感動和心得，「沒想到他們表演得這麼好，同學心中的善苗已經成長了，是這個社會給我們同學這分的愛，尤其是上人的每一句話，都眞正打動他們的心。」

王俊壹也說：「沒有想到有這麼大的迴響，所長認爲同學得到《靜思語》這本珍貴的法寶，應該要讓他們回饋給慈濟。自從同學們決定演話劇這三個月來，專心一意寫劇本、討論劇情、準備道具，每天下工後有一個目標，即使有的同學在等判決，也不再那麼不安與躁動，不再像以前動不動就以『肢體』相向。」

「所長、科長，該感恩的是我們，感恩您們給我們機會來和同學互動，感恩同學示現人生的缺陷，讓《靜思語》進入他們的心，這一切都是好因緣，我們才能將上人的法點點滴滴用在他們身上。」

習習清風，迎面吹來，李昌美等一行人走出看守所大門，所長和科長依舊駐足門口，深深感謝慈濟人。即使所方人事時有更迭，教聯會老師依然進入看守所、戒治所，他們就如地藏王菩薩立願，直到不再有同學回籠的那一天。

第七章

淨琉璃

每一個人身上都有一部啓發人心的生命故事，同學們不管年齡大小，身在囹圄，除了自己一時無法判斷對錯而走偏，多半背後都有一段令人心酸的生命故事。

二〇一八年六月，李昌美再次邀約團隊進入看守所，請來演藝人員秋乃華爲同學分享她由黑轉白的生命歷程。

秋乃華，穿著典雅的慈濟志工大禮服——旗袍，來到同學們的面前，雖然已經六十四歲了，聲音依舊清亮，鏗鏘有力。

「媽媽來看你們了，你們要乖一點，有沒有聽到？要乖乖的才是媽媽的心肝寶貝，給自己拍拍手！」她的年紀當同學的媽媽是綽綽有餘，「我看到很多人沒有拍手，好像不贊同我講的，我跟你們說，有拍手的人都是富有的人，沒拍手的人出去以後都開銀行，別搶銀行。」

一語雙關，幽默的開場白，同學們跟著放鬆心情，笑得合不攏嘴。

秋乃華向同學娓娓道來自己的人生經歷：「我很愛錢，但自從進入慈濟之後，知道賺錢要用正當的方法，做一些有意義的事情，像我今天來，坐高鐵花的錢都是我自己出的，慈濟沒有幫我出啊！」她俏皮的口吻，即使在說一篇大道理，也可以讓同學沒有壓力地聽。「眾生就是這樣，我也是眾生，每一個人都是一樣，到了最後一天，再多也帶不走，眞的！錢更要用在刀口上。」

秋乃華出生於臺中，從小家中生活困苦，伸手幾乎可以撞到牆壁。九歲時，酗酒成性的父親得了肝病，沒錢就醫，她暗地裏立志將來長大要賺大錢，讓父母親過好日子。

她因爲愛唱歌而去參加舞劇團全臺巡迴演唱，也到各處餐廳駐唱，還錄製過唱片，十六歲開始參與電視劇演出，演藝生涯超過四十年。

她對同學說：「可惜，父親愛喝酒，失去健康也拖累全家，但是我並沒有因此產生警惕心，賺到錢後，被演藝圈五光十色給誘惑，抽菸、喝酒、打牌樣樣來，時常呼朋引伴圍成一桌，不到天亮不罷休。」

秋乃華四十幾年的演藝生涯，一直到二〇一一年接觸慈濟後，因爲參加大愛劇場演出，被眞實人物所感動，她才覺悟，開始改變習氣。「同學們，我都可以改變，那大家有什麼困難的呢？」

秋乃華邊說邊走近和同學互動，「我除了染了一身惡習，還常常口出惡言，出口成『髒』，每句話都是髒話，但是我現在說的每一句話都是慈濟話。」她怕同學聽不懂，再說一次：「慈濟話就是勸人做志工，做好事啦，一定要口說好話，舉手投足都要和別人結好緣，要留德給子孫，不要只留錢給子孫。我很感恩被證嚴上人回收，如果沒有進來慈濟的話，我這一生就像垃圾一樣，會是沒有用的人生，賺再多的錢，都沒有做好事來得有價值。」

秋乃華由黑轉白的人生，引起同學廣大的迴響。四十歲的黃同學，其實家境還過得去，生活上並不缺錢用，只因爲愛比較，欲念貪念作祟，看到朋友嗑藥，他也跟著去接觸毒品。

他坦白地向志工說：「自己的本分是什麼都搞不清楚！我哪有那個金錢去沈迷毒品？爲了取得毒品，當然是……所以才會進來。」

蔡天勝曾經回到看守所和同學互動，他鼓勵黃同學出獄後，換個環境，要聽家裏人的話，生活過得單純一點，慢慢過回正常人生活。

黃同學有心要改變，便開始與蔡天勝通信。他坦承自己以前總認爲擁有愈多才是幸福，一直存著「想要」的念頭，欲望止不住，永遠塡不滿。他曾經從影片中看到敘利亞的難民，沒有房子住，生活在槍林彈雨、提心吊膽的惡劣環境中，生病連看醫師的機會都沒有。

慈濟藝聯會秋乃華（本名林乃華）師姊受邀分享，鼓勵同學們「心存善念、身行好事，少口欲、蔬食護大地」。（攝影者／陳鎮嘉）

他表示，要盡自己的能力，每個月捐五十元郵票，響應援助敘利亞難民的活動。有很多公益團體進來看守所勸人爲善，他受到志工的啓發，決定做自己應該做的事，做個手心向下的人。

黃同學從十八歲開始進出看守所，已經算不清多少次了。他與志工分享：「我不應該再浪費時間了，二十年來，一事無成，就像是一場夢。出去又進來，一直在輪迴、走不出去。我想藉由接觸蔡天勝的機會，看能不能改變？」

「回頭想想以前的自己，其實也沒有因此而感到快樂，只是痛苦地在過日子。媽媽已經六十三歲了，我還有兩個妹妹，不改變不行！」

當天，李昌美帶來一人一扇（善），由書法老師在扇子上作畫，題上「靜思語」，每位同學拿到的內容不一樣，但無不都是勸人爲善。

「一扇在手，智慧放心頭，隨時帶著走。」李昌美時時刻刻都在想各種辦法，希望同學也能像她一樣，善用「靜思語」在生活上，對一生產生正向的影響。

劉同學年紀輕輕才二十八歲，五官相貌端正，看來很有才氣。他退伍的時候，因爲缺錢用，受到朋友的慫恿而犯下詐欺罪。本來抱著僥倖的心態，想說做了不一定會被發現，沒想到不到一個月就被警方查獲，判刑兩年八個月。

被警方查獲的那一刻，他就開始懺悔了。環境的影響讓他走錯了一步，但至少還能知錯，「人應該都是向善的，比如小時候看到小動物受傷，會起惻隱之心，但是在社會上因爲沒有人引導，在不好的環境中受到影響，才會被關在這裏面。」

一步錯，還好及時醒悟，家人也沒有放棄他。進到看守所，受到各界教化志工的鼓勵，他痛下決心出去後要從事正當的行業，過正常人的生活，身心自在，不怕警察來，不必過著提心吊膽的生活。

家人的支持、親人的愛，都能讓一時疏忽犯錯的同學重新建立信心，

教聯會李昌美老師（左）代表慈濟贈送靜思語扇子給所內同學。所長葉碧仁代表接受並期勉：「一人一扇（善），扇善相連，讓同學們能夠轉念，心存善念。」（攝影者／陳鎮嘉）

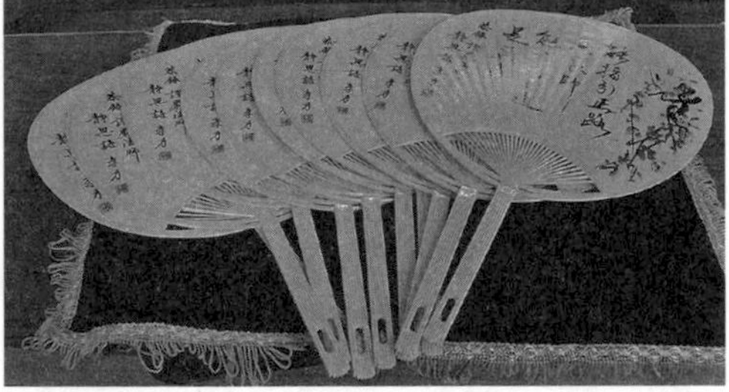

2017 年 10 月 13 日，臺中看守所「一人一扇，善起漣漪」贈扇活動，期待好話植入心田，開啟同學們心中的一扇窗。（攝影者／陳鎮嘉）

再次回到社會的正常軌道。輔導科科長亢福隆，從事矯正工作已有十七年，接觸過各個階段的收容人，各種不同的毒品犯，從少年到老年都有，他擔任教化工作，但並不只是把它當工作做。

他告訴志工：「我們是在陪他們成長，給他們一些助力，同學來到這個環境之後，所方藉著很多教育媒介，包括矯正資源或是社會資源，來幫助他們，陪他們一起成長。」

亢福隆認為幫助這些一時犯錯的同學，就是在幫助社會每個人，無形中也是幫助自己。「雖然這是我們的工作，卻也是生命啓發。」

看到慈濟志工的努力，處處爲同學們設想，身爲輔導科的亢福隆，更覺得自己的力量不能少，應該要更投入，一起和志工爲同學找尋一道曙光。這也是他對自己的第一個期許。

「如果只是把矯正工作當作上班餬口的工具，人生就幾乎有三分之一的時間白白浪費掉，應該把自己的層次再往上提升。」

亢福隆的父親是榮民，一九四九年隨著國民政府到臺灣來，結婚生子，一份小小的薪水要養活家中六口人，可想而知物質和生活環境的匱乏。在平凡的環境長大，亢福隆穿的是東補西補的舊衣服，腳上穿的是哥哥或姊姊淘汰的二手鞋，但是貧困的環境，卻是他成長的一個動力。

從戒治所到看守所，李昌美看到不管是所長、科長，對收容人都像父親一樣地關心，愛護。亢福隆的一番話，讓她好安心，也覺得這一條關懷的路一定要繼續、堅持往下走。

一人一扇（善）的活動，就是要帶動起同學們的善念，他們拿到扇子後，如獲至寶，紛紛分享彼此的「靜思語」內容。

亢福隆看到現場充滿一股祥和的氣氛，很感恩李昌美團隊，時時以善的理念、不同的方式在幫助同學。他向李昌美說：「就算是一百個人來上課，只有一、兩個人認真在聽，就有契機了，社會就有希望了！」

「是啊！是啊！能幫一個算一個！」

能度一個算一個，就是李昌美團隊的理念，在同學們人生最低潮期，和長官、家人共同支持他們，陪伴他們度過黑暗期，也等於替社會增進一分正面的力量。

《靜思語》漣漪不斷

歲月如梭，匆匆已過了十個年頭。凡走過必留下痕跡，李昌美團隊一步一腳印，在戒治所、看守所關懷同學，即使團隊中，有的已經白髮蒼蒼、八十好幾了，只要大愛的種子能發芽，她們的步履依舊堅定。

二〇一七年五月的一天，慈濟臺中分會突然接到一通來自立法委員的電話，電話那一頭說：「有戒治所的同學出獄後要送東西給慈濟，辦書法展……」分會的職工不太懂他的意思，只知道李昌美、李美燕平日在戒治所互動，立即通知李美燕，讓她撥電話去了解。

一問之下，才知道戒治所有一位同學假釋出獄，他擅長書法，正在大甲區公所舉辦書法個展，要送給慈濟的就是一幅「靜思語」。

李美燕約他到分會，連同李昌美深入了解後，「哦，原來你就是那位在戒治所寫鏤空『靜思語』的同學，吳鴻文喔！」

「是的，我以為當初寫的那一幅已轉交給你們，後來才知道沒有，所以我假釋回家後，趕快趕出這一幅，請幫我送給上人！謝謝你們，謝謝慈濟，感恩上人！」吳鴻文娓娓道來，她們總算才了解事情的來龍去脈。

吳鴻文，曾經因為違反盜匪管制條例，被判刑二十七年，輾轉進出監獄多次，後來又因為勒戒來到戒治所，是大甲地區的黑幫大哥，一生當中，有大半時間在囹圄中度過。

他是家裏的長孫，小時候，家境還算過得去，有父母疼，爺爺、奶奶也將他捧在手掌心，養成他驕矜傲慢的個性。他聰慧靈巧，就讀國小時，成績都維持在前五名。

六年級時，有一次學校要他們練習土風舞，老師規定男生要與隔壁的女同學手拉手一起跳，可是女同學不肯和他拉手，老師一看，不分青紅皀白，當著同學的面，拉著吳鴻文的耳朵，一直拉，從階梯一層一層地硬拉到三樓教室，還示意要拿棍子打他。

吳鴻文被老師這麼一拉，耳朵紅通通地刺痛得很，他不敢掙脫，但也不知道要如何辯白？不僅如此，老師還要繼續處罰他。吳鴻文再也按捺不住，脹紅著臉，拿出膽量向老師大聲吼叫：「我阿公都不會對我這樣，你憑什麼要打我？你要問清楚嘛，是她不來拉我的手，我又能怎麼樣！」老師聽了，也覺得不好意思，才放下手上的棍子。

從此之後，吳鴻文不再將成績的好壞放在心上，「考試，啊！隨便了啦！」從那次之後，他的成績一落千丈。

吳鴻文很喜歡寫書法，寫書法的時候也特別專注。有一天，這位老師看到他寫的書法，字體工整，一撇一捺都不馬虎，專程打電話給他的阿公說：「你孫子的書法，寫得不錯喔！」

阿公聽說乖孫子在學校的優良表現，非常高興。吳鴻文本來對這位老師當時的行爲，一直氣憤在心，聽到他讓阿公開心，才轉而感謝老師。因爲阿公疼他，只要阿公心情好，他也跟著歡喜，自然在學成績也跟著拉回正常軌道，順利畢了業。

然而，雖然有爺爺、奶奶的寵愛，父親卻在他七歲時，因爲外緣，離家到臺北，留下媽媽獨自撫養他和三個手足。家庭經濟頓失依靠，但他還是可以從爺爺、奶奶處，拿到零用錢花用。

媽媽爲了養家，不得不外出做洗石子的地板工，有時甚至要趕工做到通宵。吳鴻文身兼父職、母職，照顧起兩個弟弟和一個妹妹，煮飯給他們吃。

有一次，媽媽剛下班，吳鴻文興沖沖地跑到她身邊說：「媽媽，我們都煮好了，有煮好料的給你吃！」

媽媽心裏想，「你們怎麼會煮？會煮出什麼好料的來？」三個孩子拿出大臉盆，倒翻過來放在客廳當作桌子，擺上花生，還有煮醬油的鴨蛋湯。

「哇，眞的是好料唷！」媽媽看得眼淚都快掉下來了，也忘了一天的疲累，感到好滿足，好幸福，孩子的貼心，讓她即使辛苦，都覺得值得。「這些苦命的孩子，這麼懂事，懂得孝順我！」

日子再苦，能夠全家聚在一起總是幸福。吳鴻文想念小時候一家出遊的快樂時光，常常拿出相本翻看，回憶往事。「咦，我小的時候，爸爸、媽媽會帶我四處去玩，坐火車去八卦山，去很多地方，可是弟弟、妹妹呢？他們卻沒有機會！」

爸爸自從去了臺北後，好幾年才回家一次，媽媽為了這個家，一大早就出門打工賺錢，總要很晚才會回來，吳鴻文搖身一變成為大人，很想帶著弟弟、妹妹出去玩，像他小時候一樣幸福。

「可是，沒有錢怎麼辦？」他想歸想，一毛錢都沒有，找不出更好的方法，聰明反被聰明誤，竟去偷爺爺和媽媽的錢。

媽媽回到家，發現錢不見了，伸手扭斷榕樹枝，不問原因，抓起吳鴻文就是一頓毒打。吳鴻文並沒有還手，弟弟、妹妹躲在一旁傻呼呼地笑，全然不知道大哥是爲了他們，不得已才偷錢。

吳鴻文此時正值青春叛逆期，媽媽每天早出晚歸，他沒有父母的管教和督導，常常蹺課。媽媽知道後，每天親自騎車載他去學校，看他坐定在教室後，才轉身去上工。

媽媽前腳一走，吳鴻文也背起書包走了。他跑去打電動玩具，那裏有很多的大哥哥很威風，騎著摩托車，故意將揚聲器的聲浪放到最大，他心裏便開始醞釀：「我也要像他們一樣，威風作『大哥』！」

因爲長時間蹺課，日間部讀不到一學期，轉去夜間部，也不到一個學期，就因爲打架、蹺課而休學了。

媽媽不識字，兒子既然讀不了書，又是長子，便帶著他一起去做工、洗石子，思考如果他能早點獨立賺錢，協助家裏的經濟也是好。

吳鴻文哪甘心就這樣被綁住。他很聰明，一教就會，但是不想學洗石子當苦工。每當媽媽磨到另一個角落，吳鴻文乘她不注意，便一溜煙地跑了。他以爲整個地球是爲自己在轉，打架鬧事，樣樣來，未滿十四歲，就被送進去感化院。

有一次，爸爸去會客，說了一句：「你個性太驕了，如果不知道改變，回去後還不是會跟以前一樣！」

吳鴻文並不懂父親話中的意思，只一味地自認「『驕』才好啊，要作『兄弟』就是要這樣啊！」長大後，才知道自己當時眞的是太驕傲，說話太衝，過於傲慢，爺爺也被他氣到說：「你喔，牛就是牛，牛若牽到北京還是牛！」

吳鴻文雖然在外面惹事生非，對家裏的弟弟、妹妹卻很照顧。弟弟讀國小時，有一回向他告狀被人霸凌，他氣不過，認爲「我的家都已經這樣了，你們還要欺負我們！」便騎著摩托車，煞車都不踩地衝進校園，讓弟弟看了誤以為凡事以拳頭解決事情是對的。

這樣的模樣，漸漸地在弟弟身上成形，吳鴻文反過來告誡他：「家裏已經有一個很壞了，你不准再壞！」

日子在渾渾噩噩中度過，吳鴻文從十幾歲開始進出監獄，一直到最後假釋出獄已經四十八歲了，但是不到一年時間，他又被社會燈紅酒綠給迷惑了，吸毒、打架照樣來，被收押，後來也進入戒治所勒戒。

《般若心經》靜心淨念

在戒治所八、九個月的時間，有一回，一位朋友來會客，送他一小幅鏤空的《心經》，那是以蠅頭小楷的毛筆字寫出全幅經文，鏤空出「心經」兩字。吳鴻文自小喜歡書法，看到這一幅，便開始學著臨摹，一方面打發時間，一方面藉著抄經靜心。

剛開始，同學不認爲他寫得像，就算要送人，同學也都不想要。但是他不氣餒，慢慢地，愈臨摹愈像，同學們竟然爭著要。吳鴻文替自己高興：「我學會了，我要繼續寫下去！」

就這樣，他寫《心經》、《金剛經》，愈寫愈熟練，作品愈來愈多，參加書法比賽還得獎。

在戒治所的這段期間，每個星期李昌美團隊來分享，他也在課堂上。但是他並不放在心上，認爲她們是在做白工：「你們何必這麼忙做什麼？你們在講，他們可有在聽？」

他與其他同學一樣，剛開始不是很注意聽課，不過這些老師依然每個星期四，穿著整齊，臉上掛滿笑容地準時到達，安排不一樣的講師來分享人生經驗。這樣不厭其煩地付出，讓吳鴻文漸漸對這一群老師產生好奇，也起了尊敬心。

戒治所每晚八點，會準時打開大愛臺。有一次，大愛劇場演出志工蘇足的故事，主題曲〈重生〉深深觸動了吳鴻文的心。

閉上眼　就浮現　說不盡的從前
愛過的傷過的　揮不去　一再重演
對的錯的　全都是我的
哭的笑的　全都是真的
眼前紅塵揚起　躲不開　躲不開
就算轉身離去　免不了　一身塵埃
回首繁華褪去　已不在　已不再
任憑苦苦追求　逝去的　何曾重來
一生恩怨　感謝相遇的瞬間
餘生平凡　感謝重生的那天

他每看一次劇情，每聽一次歌，就暗地裏掉淚。「這一首歌，好像就是在說我的過去，這些老師們沒有拿戒治所半毛錢，也不看成果會是

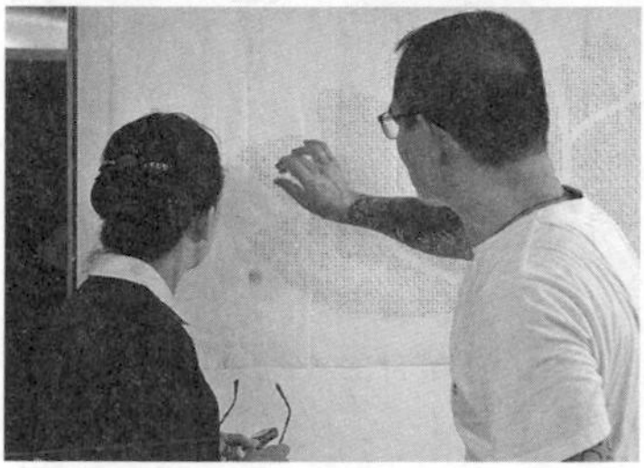

2018 年 5 月 17 日，吳鴻文向來訪慈濟志工介紹觀音像與鏤空佛經創作。（攝影者／洪素琴）

如何，還是繼續來，我希望至少我是其中一個……」吳鴻文開始思考自己的過去與未來。

二〇一六年接近歲末時，呂玉龍科長結合慈濟的歲末祝福活動，爲同學舉辦了書法展。吳鴻文寫了一幅「佛心」參展，被李美燕視爲珍寶。

她問呂科長：「這位同學很有天分，又有佛緣，可不可以請他設計一幅鏤空的『靜思語』呢？」

「那位同學剩下不到十天就要出獄了，一定完成不了的，創作一幅至少要十幾天！」

李美燕卻想，如果他願意，一定可以的，「科長，您說說看吧！」

呂玉龍讓輔導員李修雄去找吳鴻文。「慈濟的師兄、師姊去找科長，希望你能寫一幅鏤空的『靜思語』。」

「好，我一定寫出來！」吳鴻文連考慮都不加以考慮，立即答應。

他知道這是唯一報答「慈濟老師們」的機會，每天晚上一回到舍房，他就埋頭設計，一直到九點就寢。果真在出獄前兩天，完成了一百零八句「靜思語」組合的鏤空作品，交給輔導員。

在這之前，他積極參加多媒體、自行車和電腦課程，獲得優秀成績獎項。有了獎狀，申請假釋比較容易過關，沒想到，呈上去後被駁回，假釋不過關，他必須再多停留一個月才能出獄。

吳鴻文氣憤、懊惱，怨懟裁決人員審案不公。他不甘心，一古腦兒的氣就往最親近的輔導員李修雄身上發，怪他們不公平，「他們是憑什麼駁回的呢?憑哪一條法規?」

李修雄關心地反問：「你感覺你可以回去嗎？何不想成是上天有

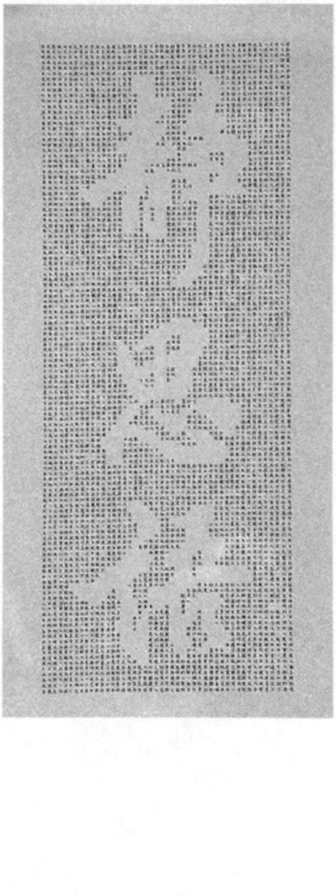
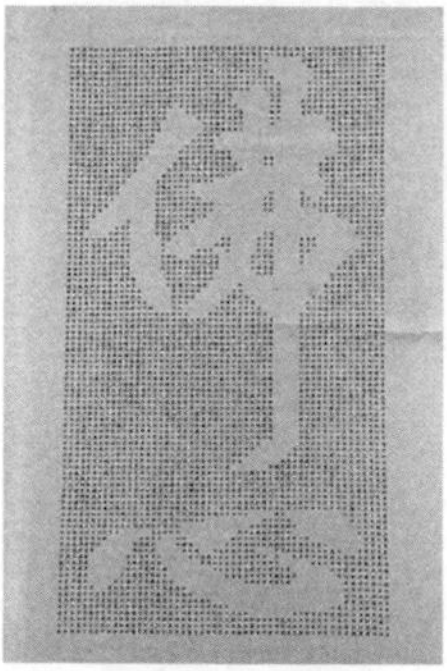

吳鴻文鏤空佛經作品「靜思語」、「佛心」。（攝影者／陳鎮嘉）

意讓你靜下心來，多創作一些作品的時間？」

雖然李修雄很不捨，但始終無法撫平吳鴻文的情緒。自那次之後，每當李修雄有什麼事情吩咐吳鴻文去做時，吳鴻文總是不給他好臉色看，說話的口氣也充滿火藥味。

假釋過不了關，家裏的人很關心，弟弟或妹妹每個月一定帶媽媽來面會，可是後來約有兩個月的時間，媽媽缺席了，只有弟弟和妹妹獨自前來。

「媽媽爲什麼這麼久沒有來？」這個問題，弟弟、妹妹回答得支支吾吾，吳鴻文覺得家裏是不是有什麼事瞞著他，因爲媽媽很少超過一個月沒來看他。

「沒有，她在趕工作。但是媽媽交代要寄八千元給你！」

「不用，在裏面並不需要用什麼錢！」實際上是吳鴻文對於假釋被駁回一直耿耿於懷，心情盪到谷底，又沒有看到媽媽，情緒更加煩躁。

又過了一個星期，弟弟來了，媽媽這次也跟著出現，卻是一拐一拐地跟在後面。吳鴻文看了心都快碎了，一直望著媽媽，深怕她一不小心，隨時會跌倒。「媽媽到底怎麼了？是不是髖關節疼痛問題又發作了？」

他覺得自己沒有能力好好照顧媽媽，只顧頭低低地與他們話家常，沒有再追問原因，只覺得媽媽很憔悴，說話也不像以前般地有精神。

會客完，媽媽又是一拐一拐地走出去，吳鴻文看了心很痛，眼淚都掉下來了。

他寫了封信回家，責怪弟弟說：「媽媽到底發生什麼事？走路這麼不方便，你們怎麼沒有扶著她，爲什麼放著媽媽自己單獨走在後面？」

這個時候，一位同舍房的同學向吳鴻文說：「剛剛我老婆來會客時，看到你媽媽可能怕你擔心，在外面先脫掉身上所有的護具，才慢慢走進來的。」

他一聽，整顆心更加糾結，「爸爸、弟弟都在我被關的時候走的，如果媽媽也走了，我還在這裏，這一生要如何對得起疼我、支持我、不放棄我的媽媽和家人啊？三十幾年之間，我進進出出監獄，不是打架就是鬧事、一事無成，媽媽都沒有放棄我，十五歲時被關到嘉義監獄十六年，她也是想辦法轉搭三趟車來看我……我這還算人嗎？」

想著想著，他不由自主地淚水簌簌而下，「我已經浪費這麼多時間了，媽媽又差一點不見了，我是該醒了！」他恨不得下次會客的時間趕快到來，一定要問明白。後來弟弟不得不據實以告，媽媽是被一部小客車撞了，十四、十五節的脊椎斷裂，在家裏整整躺了三十三天。

他一聽，懊惱、懺悔一湧而上，在裏面伸手五指，什麼也不能做，可是又能如何呢？

經過一個多月，又是會客時間，李修雄輔導員剛好從吳鴻文身邊走過，妹妹說：「上次懇親會，幫媽媽推輪椅，到大門口的就是他！」

「事情都已經過了一個月了，你們怎麼都沒講？」當下，吳鴻文深深覺得好像自己是一個很不懂禮數、不懂知恩回報的人，因爲自從假釋被駁回後，他從沒有一次好口氣與李修雄說話。

「謝謝您，上次您幫我媽媽推輪椅，家裏的人今天說了我才知道，謝謝！」吳鴻文趕快找機會道謝。李修雄靦腆地笑著，一點小事，他並沒有放在心上。

李修雄知道吳鴻文會寫書法，於是順口說：「我們想要在走廊上掛幾幅書法作品，是否可以請你幫忙？」

吳鴻文想了一下，「好，我有兩幅小的作品，但是那太小了，不夠大氣，會給您漏氣，我另外設計兩幅大一點的給您拿去掛，面子做給您！給我兩個星期的時間！」

「心自在」就是《彌陀經》

「寫什麼字好呢？」想來想去，自己覺得心好亂，平靜不下來，可是又很無奈，只能在等待假釋時間到來前，將心放下，才能繼續往下走。

「好吧！就寫『放下』和『自在』好了！」吳鴻文以《阿彌陀經》和〈普門品〉爲底文，設計了鏤空的「放下」和「自在」兩幅作品，提醒自己，不放下，又如何自在接受逆境呢？另外，他還寫了「靜」和「道」，這四幅作品正代表唯有將負面的情緒消化、放下，心靈才能得到眞正的寬恕。

被駁回假釋申請的那段時間，有一天晚上，大家都已就寢，吳鴻文突然聽到一陣很奇怪的聲音，正想說，「到底是誰？怎麼這麼吵？」轉頭一看，不得了了，他立刻從椅子跳到桌子上，再從桌子跳上去抱住眼前的人，托高。

「快，快！你們來抱住他，往上！往上啦！」吳鴻文急切地喊其他同學將人往上提，自己趕快解開套在那人頸子上的皮帶，硬把他抱下來，大家才鬆了一口氣。

「鴻文啊，你爲什麼要救我！」

「不要想那麼多，忍耐一點啦，以後你不管關到哪裏去，寫信給我，我沒什麼大錢，但是至少一個月一千塊總會有吧，我再寄給你！」後來他才知道，那位同學被判決，如果刑期服滿，已經是七十幾歲了。

後來那位同學被帶去教化，吳鴻文也剛好在接受心理輔導。同學一見到是吳鴻文，急急上前牽住他的手，抱著他，哭了。吳鴻文勸他說：「你不要胡思亂想，最基本的日用品或是吃的，我會給你寄錢，這應該沒問題！」

輾轉一個多月過去了，發生了好多事，吳鴻文望著那位同學想上吊的地方，回想當晚的緊急狀況，也不知道自己哪兒來的勇氣：「怎麼可能呢？我到底是怎麼跳上去救他的啊？」

戒治所長官調出影片來看，也感覺眞的不可思議：「你實在厲害！在那千鈞一髮，極短的時間，衝到最上面，抱住他！」

教化老師黃之邦若有所思地問吳鴻文：「鴻文啊，你這次被駁回申請，有沒有想過，是老天爺給你使命，讓你有機會去救人的？」

吳鴻文這才想到，「是啊，如果自己那時候順利回家了，這位同學現在可能已不在人間。」因緣就是如此巧合，他當時爲了申請被駁回，心裏很不平衡，一直到後來寫下「放下」和「自在」作品後，好像心情也平靜多了。他想，「也許是這樣，才能冷靜地救人！」

李美燕問他：「我們當時都一直以爲你已經假釋出去了！」

「我也以爲所方將那幅『靜思語』送給慈濟了呢！」當吳鴻文知道那幅「靜思語」還留在所裏時，心裏怪著是不是戒治所故意不給慈濟的，所以出獄後，立刻再重寫一幅。

「是我們要它留在戒治所的，掛在走廊上，同學每天經過就看得到啊！」李昌美向吳鴻文解說明白。

「這樣好了，上人六月會行腳到臺中，不如由吳先生親自送給上人好了！」

一念佛心淨琉璃

這一天終於到來，吳鴻文一早就由太太陪同，到慈濟臺中分會等待，他準備了一份分享的內容，很多天前就一邊寫、一邊錄音、一邊背。他反覆地背，覺得眞的是很熟悉了，應該不會忘記了。

見到證嚴法師，他心很平靜，可是腦海裏卻一片空白，拿著麥克風，什麼也講不出來。

「啊，這是你寫的喔？」法師看著他的書法，輕柔地問。

吳鴻文像一個小孩一樣，輕輕地回答：「是！」

法師輕輕地對他說：「你現在怎麼樣？以後要做什麼呢？」

「我只會寫這個！」

法師聽了，順口說：「好啊！那就祝福你！要一念心，過去的行爲也都是因爲一念心，都過去了！祝福你……」

他依稀聽到李美燕幫他回話，自己則在一旁點頭，只覺得：「上人這麼偉大，不會嫌棄我，講話這麼柔和，平等對待我，我眞的是受寵若驚！」吳鴻文過去的氣魄不知道跑到哪兒去了，只像一個單純、乖巧的孩子，靜靜地聽著法師講話。

「一念心」，他一直咀嚼，一直想著法師說的這三個字，似乎有所領悟，便下定決心專心寫，用心創作。他的改變獲得新婚太太的支持，她設計圖案，再由吳鴻文寫書法。一位企業家看到他知錯上進，闢出老家一處空間，提供給他作爲工作室，免收水電費與租金。

「這個地方，就在大甲火車站旁，整理、裝潢得這麼雅緻，一個月租金四、五萬一定跑不掉的，他不收租金，也不收水電費！」吳鴻文愈想愈覺得自己要很感恩，愈發認眞地寫。

夏日炎炎，三十五、六度的高溫，吳鴻文捨不得再耗用屋主的冷氣電費，只用一把小小的電風扇，放在桌上吹他拿筆的右手臂，讓它不會因爲流汗，濡溼了作品，而身上其他部位，就任由汗水不停地從臉頰、背脊汩汩地流下來。

二〇一八年五月，李昌美和李美燕到戒治所辦完了浴佛典禮後，來到吳鴻文的工作室和家裏，關懷他的媽媽。

吳媽媽見到慈濟人一直說：「你們太好了，他回來都跟我說：『那些師姊一直鼓勵我！對我很好！』我就很高興，你們很會勸他，才會讓他今天這麼感動，知道上進！」

李美燕牽住媽媽的手說：「都是因爲你沒有放棄，他才會改變。」

「他在嘉義服刑的時候，我不認識字，要去會客，清晨五點騎車到后里車站，搭乘約六點的火車到嘉義，再轉計程車去看他。我不會放棄他啦，自己的兒子，我了解他！他到臺中戒治所時，跟我說那些師姊都鼓勵他，難怪他看起來精神好多了！很感恩你們鼓勵他。」

出獄後的吳鴻文，專心於創作，除了舉辦書法展之外，也積極透過臉書推廣自己的蠅頭小楷，多半都與佛法經文有關的鏤空作品。

媽媽沒有放棄他，慈濟的老師們、志工和看守所、戒治所的長官們，也如父母一樣無私地奉獻他們的愛，誰願意看到無止盡的監所人滿爲患呢？誰願意看到青年學子來來回回地進出，迷途不返呢？

這些年邁的退休老師，沒有在家坐享退休金，過悠閒的生活，改而選擇每一週來和同學互動一次，即使冬日寒風刺骨、夏天烈日照頂，她們依舊一襲教聯會制服，灰藍色的裙襬隨著一雙雙堅定的步伐，節奏地擺動著，如春風化雨般，滋潤每一位同學乾涸的心田，播下善種子，直到萌芽茁壯的一天。

第八章

他們的故事

四季遞嬗，歲月匆匆，日子如鐘擺上的分針與秒針，規律地走著，沒有起伏，不能跳針，就像獄所的受刑人，過著灰暗、沈悶的日子，連那一身制服也是灰色的。

「一旦進來這裏，就準備過著昏天暗地，了無生趣的歲月！」這句話，說是也是，尤其在早期的監所制度，受刑人吃喝拉撒睡都在同一個空間、面對同樣的人，除了犯錯被管訓，離開到獨立空間，三年、五年，如閉關在斗室。

現在，制度改變了，受刑人有工場可做工、有才藝可學、有老師可以請益，彩虹常探頭於灰色的天空，爲它塗上唇彩，雖然不是燦爛的煙火，卻像灰姑娘腳上的水晶鞋，帶來生命的希望與轉機。

慈濟教聯會的老師，亦師、亦友、亦母，十年來不畏風雨，不懼寒暑，週週、月月造訪，帶來的不是豐實的物質，而是那涓涓滴滴的愛，一句句的「靜思語」，似明燈照引，滲入心房，再深厚的習氣垢穢，也會一層層被剝除滌淨。最後，他們終於了解因果，懺悔無明，在老師面前吐眞言，「我知道錯了……」

有法，看見內心的清淨

「足怨嘆、足恨自己過去所做所爲，眞的是沒有法度原諒自己。」戴著黑框眼鏡的阿修，眼睛透著淚光，手撥動著佛珠，說起過去那段荒唐的日子，深深懊悔。

十六年來，沈陷毒海的歲月，沒有一天清醒過，也從來沒有認眞想過要把這個如影隨形的「癮頭」徹底拔除。

這一次，他因參加二〇一六年二月，慈濟志工在戒治所開辦的「靜思語」讀書會，當讀到「原諒別人就是善待自己」這句話時，他久久無法平息內心深處的痛。

心中縱有千萬個解不開的疑問，畢竟是血濃於水的親情，當獲知父親罹患胰臟癌還有大腸癌的消息，再冰冷的心，也會被這突如其來的噩耗給融化。阿修從未想過，有如老虎般的父親，竟會被病魔找上身。他一夕之間心情很矛盾：「父親到底還有多少的日子？我來得及重修父子的感情嗎？」

《佛說父母恩重難報經》是佛門中的一部孝經，提到父母「十恩」，為人子女如何回報。當阿修看到這部經，感受特別深刻，「母親懷我十個月，父親辛苦賺錢，讓我們三兄妹過著豐衣足食的生活，而我卻不知報答父母恩……」

阿修不是不知道父親的辛苦，只是與父親之間常常話不投機，說不到三句，父親就揮來拳頭，把阿修打得遠遠的……

國中時期的阿修，結交的盡是一群愛玩的朋友，十五歲國中畢業後，就離家出走。

十六歲那年，有一次朋友慫恿他，「這吃了會讓你忘掉煩惱，會讓你快樂！」阿修對父親的不滿，一肚子的鬱悶沒地方發洩，直想把這些不愉快的事拋掉，在懵懵懂懂的情況下吃下了搖頭丸，之後就不斷嘗試各種毒品，如安非他命、嗎啡、古柯鹼，到後來就是吸食海洛因，才能滿足身體的需求。

阿修從此沈溺在黑洞裏無法自拔，周遭的朋友也都是吸毒的人，儘管母親傷心欲絕地呼喚，都無法叫醒他的心，而父親對他已到放棄的地步。十多年來，他進出監獄八次之多，甚至後來的五年間，僅有五個月是在外面，其餘都在獄中服刑。

他說：「過去只要假釋出去，第一件事一定坐上計程車，去找朋友要毒品吸食，將好不容易戒掉的毒癮趕緊找回。」他從來沒有認真想過，「出獄後不再去碰毒品」這件事。

一時的快樂，換來慘痛的代價，正值三十三歲壯年的他，身體長期遭受毒品侵害，五臟六腑都受到影響，尤其是腎臟的排毒功能變差，免疫力降低，以致常常感冒，視力、聽覺、記憶也衰退許多。身體一再發出警訊，本是壯得像頭牛的他，現在健康狀況猶如六十多歲。

阿修的父母在基隆經營海產店，生意非常忙碌。他住在家中時，也會幫忙做生意，受到父親調教，早已習得快炒的功夫；他曾到日本料理店學習廚藝近一年，對廚藝工作頗有興趣。他期待自己，有朝一日，能靠著雙手開一家餐廳，過著正常人的生活。

後來，父親因爲生意關係，養成喝酒習慣，酒後亂性，全家大小都會遭殃，他又與父親特別疏離，連外祖父都說：「你跟你爸的八字不合。」但是與母親的情感有如姊弟一般，他私底下稱母親爲「姊啊！」這一生的錯誤行徑，阿修覺得最對不起母親與外祖父，從小被打時，母親疼惜他，都會爲他掩護。

阿修自小由住在宜蘭的外祖父撫養長大，祖孫感情非常好。他在獄中非常思念「阿公」，二〇一六年三月突然接到阿公的死訊，面對生平最敬愛的人離世，他多麼渴望能見阿公最後一面。

然而，在獄中身不由己，他悔恨自己，「今日若不要沾上毒品，在社會有立足之地，給阿公有面子。而我現在卻連最後一面都沒有見到……」阿修對阿公的思念極深，他說：「身陷囹圄失去自由身，就是不孝。」所以只能虔誠持誦《佛說高王觀世音經》、〈大悲咒〉，及抄寫《心經》，回向給已在天上的阿公。

過去阿公曾苦口婆心勸導他：「阿修！不要再沾了，要乖啦！」這些忠言逆耳的話，再也聽不到了！阿修用懺悔的心，日日夜夜時時念誦，字字句句的經文已深刻印在心版裏，以彌補對外祖父養育之恩。

失去親人的痛，是難以接受的事；不料在外祖父出殯的第三天，又接獲父親車禍意外住院消息，家裏的生意也因此停擺。半年來家裏諸事不順，阿修開始警覺身爲家中長子，是不是該擔起整個家的責任？

不久，他從基隆監獄移監到臺中戒治所，每星期四早上，在慈濟志工的帶動與關懷下，領悟到「我本來是好好的人，為什麼不做有用的人，而浪費這麼多的青春與金錢？為什麼不把這些精力，用在對的地方？」

「他開始思考人生，包括家裏發生的事，也希望能與慈濟人多接觸。」對父親的新仇舊恨，因為讀到「原諒別人就是善待自己」，漸漸釋懷而原諒了父親。

之前，沒有接觸到佛法及慈濟人時，他的心不曾這麼安定過，在獄中時常與人起衝突惹事端。這次，他心中生起一股強烈的意志，「假釋出去，要遠離過去的朋友圈，勇於面對社會與家人，不再受毒品所控制，找回自己，靠著雙手，腳踏實地工作賺錢。」他希望能有機會到宜蘭外祖父的故鄉開餐廳，好好孝順父母親，平平淡淡地過下半生。

阿修參加「靜思語」寫作比賽，得到佳作，令他喜出望外，這是對他很大的肯定與鼓舞。之前他將可以啓發自己的「靜思語」句子，都記在筆記本裏，還有經文中的警惕語，這些都是他發揮的題材。

在《靜思語》的潛移默化下，阿修浮躁的心，已漸漸沈澱。

用好手，寫更生心聲

阿齊，四十六歲，出生於基隆，父親、叔伯，甚至舅舅、外公等長輩，幾乎都涉足黑社會。所以，當雙親生下他，即期望他能走出與家人不同的人生道路。

從入小學開始，父母親就嚴格管教他，考試成績若有一科不滿八十分，回家就會被打。國中一年級時，他突然覺得壓力好大，儘管有讀書，回去還是得挨罵、挨打，沒讀書，回去也一樣被罵。小小的心靈，想說：「倒不如去玩個高興，晚一點再回家。」

他的成績本來排在全班前十五名，突然掉到後面的名次。不僅成績落後，還常常結群打架、曠課、械鬥、甚至打老師，最後落到被學校「勒令退學」的地步。父親與學校溝通後，才改爲「勒令轉學」。

但是，阿齊不敢轉學，原來，他常和自己學校的同學，去打別校的學生，若轉學過去，一定會被人追打。所以，國中二年級開始，阿齊辦了休學，這一生的學業也從此中斷了。

休學後，阿齊開始跟著外公學習做包辦宴席的工作，有辦桌生意，他就跟著一起出去，沒有工作時，就到基隆市區的遊樂場所或舞廳遊蕩，久而久之，結交到一些不務正業的朋友。甚至爲了挺朋友而犯下「殺人未遂」的刑案。

有一次，朋友受到他人欺壓，阿齊夥同兩個人，拿著三把開山刀，衝出去想要圍堵對方。但是對方人多勢眾，阿齊轉身想逃離，不過朋友被他們壓制在地，他爲了救同伴，拿著刀子往對方的脖子一刀砍下去，傷及耳朵，因此被依殺人未遂起訴，當時他才十四歲。

父親見到兒子闖下大禍，著急地找人脈與對方賠罪請求和解，終於取得對方諒解，對方甚至在法庭上向法官求情：「如果這個孩子被送到感化院，就沒希望了。」

少不更事的阿齊，卻沒有因而警惕，還更進一步與一些幫派老大交往。他自以爲傲地認爲：「跟我同年齡的人，都還在拿開山刀，我已經在帶手下了，甚至使用手榴彈，所穿的防彈衣也比警察的裝備好。」因爲這樣的觀念，阿齊常被提報傷害恐嚇等罪刑，經常出入監獄。

「近朱者赤，近墨者黑」，周圍的人，不是黑社會，就是討債、販賣毒品、擁有槍械、吸毒等，無形中他在十六歲也染上毒品，十九歲吸海洛因，吸毒的剎那，興奮、精神好，因爲無知而愈陷愈深。

對於年少無知的行爲，阿齊已知懺悔，「我總覺得從以前到現在，所做過的事都是錯誤的，但是當時卻不知道，只爲了逞一時之勇，面子拉不下來。從未成年到現在四十六歲了，前後有二十幾年的時間，都是在監所度過。」

阿齊指著自己頭頂上的一個鑽洞，告訴志工：「這是醫院電鑽鑽的，取出一顆腫瘤來檢驗看是良性或是惡性。」他因爲腫瘤壓迫到視神經，左眼失明。在這之前，也被驗出糖尿病、肝腫瘤、因糖尿病引發的四肢病變、缺血性心臟病、憂鬱症、躁鬱症、肺部感染等，肺部已經切除一半，右腳也因吸毒，致經脈性組織嚴重壞死。當年，他才三十多歲，正值青壯年期，身體卻已經衰老到全身病痛。

不管入獄或出獄，阿齊幾乎都以醫院爲家，最嚴重的一次是肺部感染，被送到急診的時候，因爲一些指數不符合標準，甚至被送到安寧病房。所幸後來指數回穩，保回了一命。

他感嘆地說：「身體那麼多病，還會被關進來，也是因爲吸毒。」醫師開的藥對疼痛都無效，他只好靠吸海洛因，麻醉自己。

時不我予，病痛連身，不能替昔日的黑幫老大做事，以前的朋友也避而遠之，阿齊感慨世態炎涼，但是一切都是自己的造作，自己得去面對。「我都把它當成是現世報，內心才會釋懷些。」

二〇一五年五月，阿齊又因爲吸食海洛因被通緝入獄，又因獄友對他講話口氣不好，氣一上來，拿起鋼杯就砸人，因此被關進違規房。

基隆監獄典獄長呂茂興（已轉調高雄戒治所所長）在阿齊轉到臺中戒治所後，時常前來關心他，阿齊不解：「我跟你非親非故，你常常來做什麼？」呂茂興不只關心他，還私底下以佛學觀點啓發他去思考。

雖然年輕時，因爲參加陣頭的乩童，略讀過一些經書，但是無法了解其中的含意，如今再聽到呂茂興跟他談佛學，起初本是抱著懷疑的心：「在監獄不曾看過科長級以上的長官，那麼關心受刑者，是爲什麼呢？」聽久了，一顆頑劣的心漸漸平靜下來，開始思考自己過去的人生。

「每當遇到不快樂、不好的人、事、物，不要選擇逃避，要選擇面對它，解決它，如果能做到轉念，一切不好的，就能讓你感覺到，其實這也沒有什麼。」呂茂興懇切的一番話，讓阿齊銘記在心。

因爲長時間關在獄所，家人兩、三個月，才會偶爾寄兩、三千元做零用，他自知犯錯，也不敢寫信回家要錢。呂茂興知道他的狀況，時常寄錢給他，阿齊收到錢後，嚇了一跳，立即將錢退還，但呂茂興仍然堅持。

直到第三次，阿齊當面向來探視的呂茂興說：「典獄長，你沒有欠我，你也不必再為我做什麼，你對我的關心，我已經感受到了，像我這樣一而再、再而三在監獄進出的人，應該是朽木，你可以不用理我。你不如將要給我的錢，寄給八仙塵爆那些受害者，那些人比我更需要幫助。」

典獄長回答他：「你有這個心很好，八仙塵爆的事，你放心。你現在所要做的，就是看要如何在起心動念的時候，把一切惡緣變成善緣，再以善緣，來面對和解決一切事情。」

典獄長還鼓勵他：「你出去都不用回報我什麼，你不要再進來監獄服刑，不要再吸食毒品，就是對我最好的回報。」

典獄長的言教、身教，阿齊牢牢記在心裏，也以行動來感謝他。他聽取呂茂興的建議，利用時間閱讀有意義的書籍。「我沒有遇到過像典獄長這麼關心我的人，他可以說是我生命中的貴人。」

在臺中戒治所，常見到慈濟志工來訪，阿齊心裏在想：「這些師兄、師姊都有各自的家庭，有自己的事情要處理，而我們是被社會排斥的一群人，他們卻願意進來給我們鼓勵、信心與關懷，還送我們《靜思語》，《靜思語》有什麼好呢？爲什麼要做到這樣呢？」好奇心的驅使，一有空閒，阿齊就拿起《靜思語》細細研讀。

閱讀後，他心生歡喜，了解《靜思語》的內容是引喻佛法中的經典要義，「其實，《靜思語》是證嚴上人將佛陀的法語，用淺顯的文字，讓世間人一看就懂，告訴我們在行住坐臥中，要保持清淨自在的本性，就會漸漸由不好變成好。」

阿齊從《靜思語》中領悟到：「不是人死後才有輪迴，人活著的時候就有輪迴。比如我這次因爲吸毒被關，就是我的因果報應，出獄的時候，要如何重新開始？是不是能將以前的抹掉再重來呢？若我再走入吸毒這條路，就像人家講的六道輪迴一樣，一直沈淪在輪迴中，無法善終。」

所以，阿齊決定要用善因緣將毒戒掉，才不會一直墮入吸毒輪迴中，最基本的就是從「轉念」開始。「轉念就是要轉善念。來到臺中後，看到師姊、師兄進來上課與關懷，我很感恩，從中學習到要轉善念。」

在獄中，阿齊除了閱讀《靜思語》，洗滌習氣，也學習與同舍房的同學融洽相處。他慨嘆自己錯失過很多好因緣，以前曾看過《無毒有我，破浪而出》的影片，原本也想學蔡天勝改過遷善，但是習氣很重，要改不易，每一次在獄中想好、規畫好要去克服，一出獄到外面，計畫就趕不上變化。「這都要怪自己定力不夠，不會轉念。」

《靜思語》中的許多句子，好像都是針對他的問題、鼓勵他。二〇一六年五月，阿齊參加「靜思語」心得比賽得了第三名，他上臺分享：「人在起心動念的時候，要有善思惟，以善思惟來解除一切的惡因緣，才不會墮入輪迴。人生苦短，不要常常要求別人能爲我做什麼，能給我什麼，反過來要去想，我們有能力給別人什麼，甚至爲別人做什麼，這樣的人生才有意義。」

以前阿齊都是出口成「髒」，雖然學歷只到小學，他利用在所內的時間多看書，本來連寫信都不會寫，竟然得到「靜思語」心得比賽第三名。

阿齊寫下的心得是：「證嚴上人的《靜思語》，點亮了我們心靈這盞燈，讓我們得以看見自己，知道自己什麼地方不好，什麼地方會出事情，要時時刻刻提醒自己，才不會造出一切惡因緣。然後，我們要將這一盞燈，再去照亮周遭的人，更溫暖他們的心，有辦法做到這個程度的時候，就是對上人最大的回報與報恩了。」這是他的眞心語。

除了參加「靜思語」心得比賽外，阿齊還兩次投稿到所內的季刊，都被刊登出來。「總而言之，現在我知道，任何事情要先看自己，凡事先反觀自己。未來人生路，我眞的要以這隻腳和全身的病痛，現身說法，講給人家聽，希望不要跟我走同樣的路。」

轉爲菩薩的臉，再相見

阿明的外婆生了三個女兒，膝下無子，父親入贅母親家。因生活困苦，父親只好重拾祖父殺豬的行業。

小時候，阿明要幫忙放牛，就讀國中時，父親教他學殺豬。每當民俗祭拜節日，他一個人一天要殺六十頭豬。高中畢業後，阿明突然懂得殺豬業障深重，於是離家外出求職。

他曾做過三種事業，雖然賺到不少錢，但迷戀聲色場所，染上吸食安非他命，最後事業也一家一家地結束。

最後的一個事業是做珠寶生意，期間結交到他人生最後一位女人，爲他生了一個女兒。不料一千多萬的珠寶一夕間遭竊，讓阿明痛不欲生，落得一無所有，雖然女友曾拿錢資助他，但一切歸零的痛苦，不是一朝一夕可以忘卻的，於是他藉著吸毒來麻醉自己，逃避現實。

女兒周歲剛學會喊他一聲「爸爸」時，女友不堪阿明生活已經有一餐沒一餐了，還沈迷於聲色場所，於是狠下心帶著女兒悄悄離開。當他回到家，見到空蕩蕩的屋子，只留下兩件別滿勳章的志工背心，及簡短的一封信：「希望你重新做人，等女兒長大了，我會讓你們父女相見。」阿明痛苦、失望，怨女友翻臉無情。

他隻身一人，屢次謀職都吃到閉門羹，家人及親朋好友也因他吸毒，而不願在金錢上資助他。阿明陷入三餐不繼、生活潦倒的苦日子，對人生絕望，漸漸產生輕生念頭。

某天，阿明想到外婆天天虔誠禮拜觀世音菩薩，那為何觀世音菩薩會受世人膜拜呢？應該是菩薩的慈悲心吧！當他準備好走上絕路時，連續吸食了九天的安非他命，精神恍惚，雙手合十祈求觀世音菩薩：「我要一路以時速兩百四的車速飆車，從桃園開車回南投老家，觀音菩薩如果覺得我是一個無藥可救的惡人，求您讓我沿途不要傷害到路人或住家，請讓我直接去撞山壁或電線桿死掉；但若我未來還有希望，就請您讓我能回到老家懺悔。」

他在模糊的意識下猛踩油門，一路闖紅燈、狂按喇叭，警車也跟著直追，但他一心求死，根本不理會自己是在冒大險，回到老家車子才熄火。他驚訝地自問：「爲何我沒死還能活著回家呢？」慢慢回過神後，想到自己對觀音菩薩發的願，開始懺悔過去的種種錯誤，爲了感謝菩薩的庇佑，他生起畫觀音佛像作爲報恩的心願。

但是懺悔之心終究抵不過艱難的現實環境，爲了討生活，阿明不計後果，又做起販賣安非他命換取盜砍珍貴木材的勾當。他犯錯、被關，期滿出獄後再犯錯，入獄紀錄不計其數。

阿明說：「我出獄後，不曾在家待過一個月，就再被抓進牢裏，也不曾在家吃過年夜飯，這十多年來我住過十八間監獄。」

每當夜深人靜時，女兒呼叫「爸爸」的聲音，常迴旋耳際。他想起女友最後留下的一封信和背心上的勳章，「原來她不是壞人，我不該恨她，要聽她的話重新做人才對，以後才有臉跟女兒相見。」思女之情讓阿明思考，應該敞開心坦承過錯。

他想利用空閒時間學畫觀音佛像來報答佛恩，可是每當提起畫筆時，再怎麼畫都覺得畫不出觀世音的慈悲與莊嚴。

他想：「難道是我不夠虔誠嗎？我就不信邪，我要利用獄所每星期二、四吃素的日子，再來試試看。」於是阿明用完餐，洗淨後，心靜下來，一筆一筆慢慢地畫著心中那尊自小就崇拜的觀世音菩薩像，果真清淨的心，讓他覺得畫出來的佛像有莊嚴感了。

他笑著說：「這就是相由心生，只要心無雜念，就能畫出清淨無染的境界。」從此以後，每當他舉筆畫像時，一定茹素，淨身靜心地虔誠畫出莊嚴法像與人結緣。

服刑期間，慈濟志工到獄所贈送《靜思語》或表演話劇，當他見到慈濟志工時，又想起女友的身影：「從前我不知珍惜，傷害了她，現在最讓我崇拜的人，就是在爲社會付出的志工。」

每當慈濟志工到來，阿明就心生歡喜，更專心閱讀證嚴法師的《靜思語》和其他書籍。他說：「我讀過很多上人的書，知道很多道理，只是要我講，我講不出整句來，因爲已經五十七歲了，記憶力在衰退。但是我會用在生活中，尤其是在獄所的室友之間，我也會勸他們要改過。」

後來獄所舉辦「靜思語」話劇表演，阿明就以《靜思語》的內容，及慈濟環保志工愛護地球的心，編成一個短劇。他認爲：「這是一個好的開始！」

服刑期間，母親過世了，阿明更加反省自己，他希望出獄後，要安住心回老家，專心畫佛像與人結緣，也要以自己的故事勸世人不要走錯路，才不會後悔一輩子。而他最大的心願，是要以一個全新的自我，去面對周歲就遠離的女兒。

克服難，不被難克服

「放蕩不羈，玩世不恭，總認爲沒什麼事做不到；卻不知在爭取許多的同時，也失去許多，且是珍貴的，無法彌補……」穿著灰色上衣、深藍短褲，拖著藍白拖鞋，坐在桌前，顯得俊碩的鄭同學，因爲吸毒、販毒而鋃鐺入獄。

出生於一九八一年的鄭同學，排行老大，下有三個弟弟及兩個妹妹，家中經營貨運事業。小學畢業後，他即在家擔任司機，爲顧客送貨，出賣勞力的工作，讓他認爲「賺錢很重要」。

自家田地在大溪旁，經過仲介開採砂石，明知犯法，因獲利勝過送貨工作好幾倍，所以鋌而走險。

開採砂石的高收入，卻沒有讓鄭同學生活富裕。

「因爲無聊，找刺激，朋友問『要趣味一下嗎？』就是一下，一試就上癮了……離不開它，天天不能沒有它。」吸毒讓鄭同學獲得一時的快樂，卻無法自拔。

壯年的他，同時迷上賭博，常玩通宵，一天當兩天用。他說：「雖然有時候很累，知道對身體傷害很大，還是又繼續玩……」

毒癮愈來愈大，毒品價格昂貴，開採砂石的高所得，仍付不起。二〇〇七年，因違法開採砂石首次入獄服刑五年，當時才二十六歲。

二〇一二年出獄後，仍未戒除毒癮惡習。吸毒，讓他散盡所得。經過半年時間，不得不開始販賣毒品。「因爲自己需要錢用，又需要毒品，只好賣毒。」鄭同學經由朋友介紹，開始提供貨源因應。

「拿一萬的藥，除了自己吃以外，賣了，又能賺兩、三萬進來……」雙倍以上的利潤，讓鄭同學愈陷愈深。一、兩年後，他想收手，但是辦不到，一直有人要買。

「早就被盯上了……」二〇一四年的某一天，鄭同學在警方專案跟監下，於租屋處被捕再度入獄。本以爲只有吸毒被捕，經過調查還有販毒罪名，他被判了二十年。

「只要吸毒，就關不完……出出入入，一輩子也關不完！」二十年的刑期，讓三十出頭的壯年人，萬念俱灰，後悔莫及。

收押禁見時，因爲一本《靜思語》，讓鄭同學漸漸打開心房。他說：「每段『靜思語』，短短的字句，都帶給我不同的啓發。」

「這回進來，人生可能沒機會了……但是接觸到慈濟後，我還有救喔……」慈濟志工每個月定期以「靜思語」爲主題帶動，讓鄭同學對人生重燃生機。

只有小學畢業的他說：「不太識字，也不太會寫字；但是，每次拿著毛筆臨摹，不求字美，但求心靜，就看著寫寫，覺得不錯，更覺得訝異——沒想到我能拿筆！在這過程中，體會《靜思語》深刻的含意，從中改變自己。」

其中一句「靜思語」：「盡人事聽天命，不要把『難』放在心上；

人要克服難，不要被難克服了」，最能讓他看到前途。

在獄所話劇表演中，鄭同學承擔道具工作。獄中的他們，演著自身吸毒、販毒的故事。

「少年人不要K啦！由吸K、拉K，毀了一個家庭……」這些口白，就如同他的心情寫照。

他說：「一開始走上這條路，就不是好的路，我自己知道是一條不歸路。」他也曾經想要煞車，但是，絡繹不絕的生意上門，加上自己也上癮，阻隔了收手的機會。

「你早晚會出事，你如果進來，會有誰再來看你？」小他一歲的妹妹，激烈且不留情面的話，讓鄭同學心傷。很多東西失去後，才知道珍惜。

鄭同學胸前名牌背面，放著一張妙齡女郎的相片。「這是我太太。」他不避諱地說著。「刑期那麼長，沒辦法在身邊照顧她，怎麼叫人家等？我跟她說離婚吧，離婚後沒有名分的束縛，對她比較好。」鄭同學對於青梅竹馬的妻子，總有一分愧疚，「有著婚姻束縛，兩個人都痛苦，離婚後，一個人痛苦就好！」

胸前的相片，是對妻子的思念，也希望看到妻子的來信。「將來如果她一直沒再結婚，我還是想和她組成一個家庭。」

二十二歲的兒子，目前和弟弟經營貨運行。兒子已經有要好的女朋友，也來探監。鄭同學祝福兒子，「他生長於不是很好的家庭，看著父母的狀況，將來有自己的家庭後，能珍惜些。」他期望著兒子不要步他的後塵。

鄭同學最不捨的是父母，「父母養育我，一步一步牽著我走，在我犯錯的時候，仍然對我不離不棄，『天再怎麼大，也大不過父母的愛！』」他懺悔沒有盡到孝道，要母親別來看他。媽媽溫言軟語地告訴他：「不要亂想，家裏的事不要煩惱！」

鄭同學自我勉勵：「人生如果可以重來，一步一步平淡地過日子，比較實在，不要好高騖遠。一下子要爬上天不可能，做人要實在。怎麼來怎麼去，聰明與傻子，走的路一樣長。」

他拉開聲浪對自己說：「不要放棄，還有機會。」

圓滿，冬瓜爸爸的心願

「對媽媽已經無法回報母恩，對兒子還來得及，他是我出獄後最大的責任，我要接他回家，做個好爸爸；凡事一步步地來，不圖非分妄想，踏實過每一天。」高牆內的阿國，凝視窗外的藍天許諾著，思緒隨著朵朵白雲浮起前塵往事。

「不管你多壞，你都是我的孩子。」這句話，媽媽在四十多年的歲月裏，總是掛在嘴邊。阿國記不清進出監獄多少次，入獄期間不論是在宜蘭、新竹、臺中、雲林等戒治所，媽媽每個月舟車輾轉，只爲給最疼愛的孩子，送上他最愛吃的爌肉飯與親手包的粽子。

一年阿國假釋出獄，奔回家，熟悉的味道，濃濃的菜香撲鼻迎來，他知道媽媽在廚房裏忙著，一道道美味家常菜等著阿國。但是，母子來不及話離別之苦，當晚媽媽因劇烈疼痛送醫，經檢查已經是癌末，三個月後，媽媽走了。

一輩子沒讓媽媽安心過的阿國，他自責揮霍媽媽的愛，因而走不出悲痛，再陷入迷幻的毒品中麻痹自己，整天渾渾噩噩。那天他出門後，遠遠看到警察，做賊心虛的他，在躲躲閃閃間，連同機車撞上電線桿，嚴重撞擊，昏迷指數三，在醫院足足躺了兩個月，才度過鬼門關。

牢獄之災免不了，阿國又被判刑四年兩個月，屋漏偏逢雨，妻子也因販毒被判十七年，社會局將兒子安排到安置機構，這個家一分爲三。

阿國兄弟姊妹多，家裏很熱鬧，爸爸開計程車爲業，一家十二口食指浩繁，父母親爲了生活常吵架，熱鬧的家也愈來愈像戰場。

「爲了避開戰場，避開媽媽的嘮叨，經常流連在外，與好兄弟取暖。」

阿國國中畢業後沒繼續升學，做鐵工之餘，到處遊蕩，沈迷於打電動、賭博。在朋友鼓譟下，爲了提神開始接觸安非他命等毒品。父母最終走上離婚之路，爸爸另婚再娶，十個孩子與媽媽一起生活。

「退伍前一個月，知道女友懷有五個月的身孕，雀躍編織著一家三口幸福和樂的畫面。」但女友卻捎來分手信息。他一刻都無法按捺住，乘機逃離服役單位，一心只想保護女友和她腹中的小寶寶。但這一切都夢碎，女友的爸爸堅決反對，原因是阿國讓他不放心。

阿國繼續服完兵役，退伍後思念女友的情緒困擾著他，整個人萎靡不振，看在父親和繼母眼裏十分不捨，他倆安撫他，遞給他毒品說：「吸了，煩惱就沒了。」

他沈淪毒海中，不只是安非他命，一級海洛因也用了，買毒需要錢，爲了有穩定收入，「十個吸，九個賣，選擇販售毒品作爲經濟來源，成了不歸路。」

手持毒品之際，明知道做這件事，一定會承受苦痛，一定會後悔，阿國每每打從心底吶喊：「不可再！不可再！」結果是周而復始，癮頭更大了！一次次入獄，一次次向媽媽發願：「我要改！」卻又一次次受不了寂寞、孤單、社會異樣的眼光，再度向邪惡的魔力靠攏，反覆沈淪，反覆掙扎。

阿國也曾認眞思考，也想回歸正途，他成功戒毒，跟著建築師傅學習，烈日下做著防水工程。師傅放心地把工作交給他，說他出師了，可以獨當一面。領回薪水交給媽媽，她面露喜色地說：「流汗錢，我歡喜收。」

媽媽想著：「是不是該幫兒子娶個媳婦，有家庭有寄託，生活也有重心。」她積極爲兒子物色對象。

「四十多歲了，還有女人願意嫁給我，眞的很感謝她。」阿國歡喜接受太太與前夫的孩子，他疼愛沒血緣的五歲兒子，視如己出。小孩暱稱他「冬瓜爸爸」，因爲阿國自小有個外號「冬瓜」。

高牆內的他思念兒子，答應要給他完整的家，現在的「冬瓜爸爸」卻是如此難堪，在方寸間度日。不過，他慶幸自己在臺中戒治所有緣接觸到慈濟，接觸「靜思語」讀書會的課程，也歡喜加入慈濟手語教學，母親節會在戒治所內演繹「父母恩重難報經」。剛開始的念頭是：「加入學手語，表現優良可以加分，說不定早日有假釋機會，可以將兒子接回來，陪伴他一起成長。」

手語教學，一句句歌詞，勾起他：「四十多年的歲月，一半在牢裏過，愧對媽媽一輩子的寬容。」黑牢的夜裏，總是記起頭髮斑白的媽媽探監的背影，一聲「媽媽對不起！」只能在夢中說。

自習課，他捧著《靜思語》一頁頁地細讀，「心靜自然人安分，人安分就能過和樂的日子。」「有一分彎腰耕作，就有一分踏實收穫。」他重新思考：「我好手好腳，卻落得如此下場，難怪媽媽生活再艱辛，都拒收販毒的錢，因爲是不義之財，不乾淨。」

阿國慨嘆：「身體的殘缺不算苦，人性的殘缺才是眞正的苦，貪、瞋、癡，讓自己毒海沈淪，換得視力模糊、記性差、忘東忘西，常疑神疑鬼，四十多歲走路像個老公公。」

「能付出愛心就是福，能消除煩惱就是慧。」在牢裏的他開始關心同學，同學缺日用品，他懂得分享。前些日子他接到申請假釋結果，「沒過，但當下我的心情是平靜的，不怨天尤人，坦然接受，就如《靜思語》所言，『不要隨心所欲，要隨心教育自己。』心要定，步步踏實過。」

智慧法語入高牆，度化內心千千結，阿國懺悔過往在人生的十字路上、偏差的抉擇，他不埋怨任何人，「一切都是自己選擇，自己走的路。」他目前還無法回去高牆外的家，但已找到回家的方向。

以信心，度過人生低潮

五年前，朋友提到，「我們來合夥開餐飲連鎖店……」朋友一連串的構思，阿翰很心動，「不錯喔！可以做。」漢方飲品、咖啡無糖又健康，用連鎖店的模式經營，應該是首創。

二〇一〇年元月啓業後，合夥人各司其職，有負責財務、店面經營、內部管控，而阿翰負責對外的業務開拓。

不到兩年的時間，整個市場通路開拓，業績蒸蒸日上，公司知名度扶搖直上，親朋好友對這樣的經營規模讚歎不已。股東、投資人，看好未來的市場，連鎖加盟，門市一家一家成立。阿翰在短時間內幫公司籌資十幾億，一百多家分店，甚至擴及大陸市場，人人欽佩他的拓店實力。

但是，樹大招風，才經過兩年，合夥人侵占資金，公司的基本運轉金被侵吞，因此宣布倒閉。

消息傳到阿翰耳中，就像青天霹靂，心像被一顆重重的大石頭壓住，吸不進空氣也吐不出悶氣，他希望這不是眞的……

股東、投資人，包括阿翰，大家都忿忿不平，「這麼有規模又有資金的公司，怎能說倒就倒？我不甘願！」阿翰試圖將公司再運轉起來。然而，內部經營、店面鑰匙、管控跟股東、屋主的相關資料，貨源全都在合夥人手上，阿翰再也力不從心。

歷經半年的努力，還是功虧一簣，股東、投資人不滿，並展開告訴，阿翰是被告之一。

起初創業，跑遍全臺北中南，更跨海到大陸，一個月能在家陪伴家人的時間不到十天，剖肚交心經營事業，換來的是「好友變敵人」。公司倒了，信用也受損，還得忍受眾人的責罵、恥笑，甚至刑事。

「該是我的責任，我會負責；不該是我的責任，我有愧，但不是我有罪。」阿翰自責，身為股東之一，卻沒有善盡監督的責任，連累太多人了。

公司倒閉，半年後，有一天早上，他一個人坐在家裏客廳，眼睛直視著電視，新聞報導有關公司進一步消息。此時幾位調查局人員無預警地出現在阿翰眼前，但是他並沒有被驚嚇，很多不利阿翰的證據，他心裏已有準備。

阿翰很沮喪，被羈押住進臺中看所守，司法判他二十年刑期。阿翰在囚牢裏，內心最掛念的是媽媽、太太及三個孩子，他心酸、哽咽，但又能如何？

他恨司法不公平，自己變成階下囚，想起過去的風光，搖頭感嘆。然而家人不離不棄，是支撐他面對官司的力量，希望爭取到交保的機會，有幸交保，才有機會彌補過去的損傷。

三年多來，阿翰堅持訴訟，盼司法還他清白，洗清罪名。在囚房裏，每天除了工作、上教化課，就是抄經。

教化課程，戒菸、戒毒內容千篇一律。同學來自四面八方，六、七成都是毒品犯，彼此談論的話題不離毒品。「誰拿得比較便宜，誰是誰的交易人……」爭執後相互看不對眼，很多類似問題，就在小社會裏面上演。

他不知道在看守所的日子還有多久，抄經才能使心靜下來，利用每天中午飯後，晚上工作之餘抄經文，別的同學在休息，他一個人靜靜地抄，固定一頁至兩頁甚至更多，反覆抄寫。

有一位同學問他：「翰哥，您寫這些有什麼意思？」

他回答：「調養心情，心會比較平靜。」

「哪有可能？我才不相信！」

「不相信，那你就試試看！」

在阿翰影響下，同房十個同學，一半以上跟著抄《心經》、〈七佛滅罪眞言〉等。阿翰告訴他們：「只要發願一心向善，佛祖會幫助我們的，有可能被假釋或減刑。」

自己的自由都還遙遙無期，他用同理心鼓勵獄友，也因此大家把阿翰當作學習的對象。他說：「沒有做一點有意義的事，時間就這樣浪費掉很可惜。」阿翰鼓勵獄友的同時，也激勵自己面對司法要有信心。

二〇一五年，李昌美團隊送給臺中看守同學，一人一本《靜思語》，阿翰如獲至寶般珍惜。「『屋寬不如心寬』點醒了我，若不是看到《靜思語》，我可能還是看什麼都不順眼，跟什麼人在一起都格格不入。」他不再自怨自艾，面對人生孤單的旅程不依賴人，但也不辜負時光，抄經文、讀《靜思語》，對未來的夢想變得眞實而美麗。

鐵窗內人多事雜，思想不一，「寬」字，靜了阿翰的心，也改變想法和心態。面對官司心寬許多，「心寬才能堅持到最後，如果不是抱持著寬，我的日子會很難熬。」

「靜思語」讀書會，惠及很多上訴中刑期未終定的「同學」，阿翰就是其中之一。

能參與「靜思語」讀書會，阿翰知道這機會得來不易，幾個工場輪流挑選表現良好者參加，他進來三年四個月才有過兩次機會。《靜思語》字句淺顯易懂，讓阿翰感觸頗深，面對起伏人生，無形中給予正能量，每一句話都帶給他不同的省思和感動。

二〇一五年底，爲了回饋慈濟教聯會老師們多年來的奉獻，阿翰帶著同學，組成話劇團隊，一個人承擔劇情的編排及導演，用身邊來自五湖四海同學的實例故事，作爲編輯素材演話劇。

他說：「老師在課程中，每講解一句『靜思語』，就有一段小故事幫襯佐證，句句觸動人心。」阿翰學習老師的作法，用故事引導同學，帶入句中所涵蓋的意義，讓人吸收得最快。

一個話劇的形成，不只是臺上的演員，從編劇、導演、音控、布景，同學都願意投入，阿翰奉獻想法，「感受故事裏面，怎麼去啓發一句話的意義，有了共鳴就是滿意的作品。」

「屋寬不如心寬」是他們話劇的主軸，劇中主人翁福氣，過去爲了追求物欲，貪取不義之財，混黑道躲警察、收賄賂昧良心。進入看守所讀到《靜思語》之後，才發現物質享受都是短暫，屋寬不如心寬，腳踏實地才能安居樂業，平安過日子才是眞「福氣」。

「原諒別人就是善待自己」，心寬了，即能原諒人；願意原諒人的人就是有福的人。阿翰邀從事電機相關行業的林同學現身說法，他酒駕發生車禍，一時害怕，冒用弟弟的姓名爲肇事人，因此觸犯了「僞造文書罪」而入獄。

林同學被判七年刑期，覺得倒楣，阿翰對他說：「做錯事就要勇敢面對責任。」

有一天，林同學對阿翰說，「翰哥，很開心認識你，因爲你給了我很多正面的力量。我這個案子，走到這個階段過不去了，可能要去面對刑期，但是我不會像剛開始那麼悲觀，自怨自艾。你被判二十年，還勸我們要往好處看，希望你有機會被減刑……我這七年多不算什麼，很高興進來這裏能得到你的鼓勵。」心念轉，一切跟著轉。

林同學的生命故事，活生生地被搬到舞臺上演，他藉機懺悔當初一念之差，造成牢獄之災。劇本反映，林同學希望得到受害家屬的原諒，希望他們不再把怨恨放心中、折磨自己。

眾多故事，述說著鐵窗內同學懺悔的心聲。「我用平靜的心排話劇，光福氣這個角色，一個月換了三、四個人，有人要交保、也有要開庭的，到上演前十天人才湊齊。」利用時間彩排，給了阿翰很大的考驗。

「面臨判決之前，有幸碰到了『靜思語』話劇的編排。」阿翰忙著編劇情、安排人員，跟同學解說「靜思語」的意思，而後指導演出。此時的他，忘去自身還被羈押中，被通知開庭更一審的當下，心寬地坦然面對，「我心保持『寬』，心情就跟著輕鬆自在。」

用「寬」心編話劇，用「寬」心面對更一審，阿翰的官司從二十年刑期，改判爲十五年。他說：「我很滿意了，我還會繼續努力。」雖然不如預期，阿翰有了不同的心境，面對環境中遇到的人事物，人情冷暖、善惡面貌，他知道這一切都是一念之間的變化。

三年多來，看著不同犯案同學進出，一位同學來回三次看所守，阿翰感嘆：「社會腐壞了，我能做什麼？我能幫什麼？」在他腦中不停地轉，開始在心中立下願力：「我可不可以在未來，官司平反，事情結束後，從一個過來人的角色，知道所內同學所需，用同理心來面對他們，貢獻我的力量？」

人需要換一個新的腦袋，重新思考，讓更多人面對新的人生，不再走回頭路，就是阿翰走出高牆後的目標。

被困住在人生最低潮的牢籠裏，五十歲的阿翰沒有消極，反而更有自信，相信自己有一天可以做利益社會的事情。

「我相信蹲得更低，就會有機會跳得更高；只要撐過這一段，順境就跟著來。」佛法無邊雖然虛無飄渺，但是「信心、信念」讓阿翰產生無比的力量。

後記

同學等老師去上課

一天午後，西南氣流夾帶著豐沛水氣，滂沱大雨像在倒臉盆水，猛往地表灌。一輛白色轎車開到慈濟臺中民權聯絡處門口，煞車停住。

「喔！原來是老師啊，您好勇敢，年紀這麼大了還開車！」

「不不不！我才不過三十幾歲而已！」（編按：證嚴法師提出「壽量寶藏」，將五十歲存起來，人人年輕活力，持續行善。）

「你知道嗎？她還很會畫畫呢！她叫吳秀美！」蔡素珠老師搶著爲她介紹。

「前面那個字不要念出來，念出來就不『秀美』了！」八十三歲的吳秀美幽默、活潑，說起話來，鏗鏘有力，中氣十足。「昌美老師要我們今天來，說要『聊天』，還吩咐我去買水果，有水果當然要配美美的水果盤啊，你看，我帶了這兩個，好看嗎？」

「好看啊！太重了，我來幫你拿！」

她們是一群退休老師，不去四處遊山玩水，選擇每週四到戒治所、每個月到看守所關懷，因爲那裏有許多「同學」！

有緣，就應拉他一把——林碧信

「一日爲師，終身爲父」，這是學生感懷老師教育之恩時常說的話，反過來說，身爲老師，對於學生，豈不也會指望他成龍，願她成鳳？

林碧信老師有一次進到戒治所，突然一位同學興沖沖地跑來叫她：「老師！」她一時感到汗顏，沒有馬上回應，只顧轉頭看看周遭有沒有人聽到。

「爲什麼我的學生會在這裏？」她心裏想著，私底下問他：「你來這裏，老師覺得很惋惜啊，既然在這裏相遇，老師要藉這個機會勸導你，看看能不能把你拉回來。我記得你在國中的時候，是一位優秀的小孩，怎麼會變成這樣？」

自己的學生被關在戒治所，林碧信萬分不捨，每次進去，就想辦法塞給他「靜思語」書籤，找機會跟他聊天。

對於其他同學，林碧信同樣把他們當作自己的學生，會坐在他們旁邊，試著了解他們在課堂上做些什麼事，心裏不舒服的時候，安撫他們，情緒不穩，就陪他們聊天。久而久之，同學都說：「你好像我媽媽喔！」

「既然把我當作媽媽，那有什麼心事，可以告訴我，我會盡量幫你排解，你若心情放輕鬆了，對事情的看法就會不一樣，慢慢也許就能擺脫以前的生活模式了。」

同學因吸毒而落入囹圄，對家人來說，是顆不定時炸彈，林碧信認爲這群孩子更需要大家的關心。

「我們是老師，應該要用愛心去關懷，想辦法拉他們一把。」就像她那位學生，本來很優秀，卻因誤交損友而進到戒治所，有緣與他再相會，更要設法關心他，期待他能夠反省，慢慢進步。

不捨誤歧途，愛相伴——蔡珠

同樣的，七十歲的蔡珠，在一次懇親會中，一位同學也跑過來抱住她，叫她「老師」。

當時，他的姊姊、媽媽來會客，姊姊握住了她的手，蔡珠愣住了，以為是在戒治所才認識的同學，一時腦筋轉不過來，忘了他是誰。「你是……你們怎麼會認識我？」

他說：「您是我學校的老師，以前您在訓導處啊！我是童軍團的同學！」她突然想起來了，是的，當年在訓導處當訓育組組長，訓育組經常與童軍團搭配，有什麼困難就會找童軍團的同學來幫忙。

「雖然您沒有教過我，但是我在童軍團，我們常常相處在一起。」

姊姊也說：「老師，我弟弟時常稱讚你！」

「你弟弟犯的是什麼罪？」

「牽涉到吸毒的問題，他禁不起同學引誘，一夥人常常聚集在橋下。

我們也不知道他們在做什麼？只知道他們會去打電動玩具，後來才知道他們在橋下吸毒，那時家裏的人都被蒙在鼓裏。」

蔡珠再問：「在學校沒有被查到嗎？」他說有，曾經被蔡珠查到。

「我記起來了，難道你是那位站在走廊，身體靠著牆壁，穿著短褲，腰帶下面有東西鼓起來的那位？」

那時，蔡珠正在巡視教室，這位同學看到她走過來，做賊心虛，立刻將手握住腰間那個鼓起來的東西。他一有動作，反倒引起蔡珠的注意。

「你手上拿的是什麼？」

「沒有啦！」

「手拿開給我看看！」

他說：「老師不要看！」

結果一看，是一個小罐子。她問：「這個是什麼？」小罐子裏裝的東西外觀很像「明礬」。

蔡珠將他連同那一盒像「明礬」的東西，帶到生活教育組去處理。後來，她才知道，原來那是「安非他命」。

姊姊說：「老師，我弟弟說，還好那時候有老師您幫忙求情。」這個孩子老實，做事情不會推託，當初蔡珠要帶去生活教育組時，他也不反抗，只是頭低低地跟著走進去。

姊姊牽著蔡珠的手說：「老師，以後有機會，我很希望他進來慈濟學習。」

「如果出獄之後能夠進來慈濟，這樣最好啊！」

又有一回，蔡珠剛好在臺中分會外面，一位穿著背心、體格魁梧的男子，也叫她「老師」，讓她嚇了一跳。

「你認識我？」他才說：「我們常常見面啊，老師你常常教我們唱歌啊！」那位同學是從戒治所出獄的，已經好好地在工作了。

有的同學會跟蔡珠說：「老師如果來看我們，我就很快樂。」

「我也希望你能快樂！」

教聯會帶課方式活潑，蔡珠老師負責比手語、帶團康，雖然所方規定同學們不能站起來，避免躁動起衝突，至少帶動唱時，情緒放輕鬆，沈悶的日子也會好過些。

蔡珠一直在想：「那個孩子在學校很優秀、很乖、很老實，爲什麼畢業出去後就變了個人？」社會問題讓這些少不更事的孩子，一不小心就誤入歧途，唯有用愛慢慢啓發，才能將他們拉回正軌。

拿下口罩，靠近不說教——蔡素珠

「我七十七歲了，我們就像他們的家人，像媽媽一樣地關心他們，年紀輕的叫我『阿嬤』，年紀大一點的叫我『大姊』！」二〇一〇年，蔡素珠隨著李昌美老師到戒治所關懷，第一次進去，耳聞人家說，吸毒的人會有味道，心存害怕，每位老師幾乎都戴著口罩。

有一次，蔡素珠聽到慈濟志工洪武正分享，他們去訪視一位吸毒者，臉上長了膿瘡，流出膿汁，發出陣陣的臭味，但是他和太太都沒有戴口罩，因爲這是一種尊重。從此之後，蔡素珠帶頭，向老師們呼籲：「大家不要戴口罩，我們是去關心他們，不是怕他們，如果你怕我也怕，一定要戴口罩，要戴口罩就不用來了。」

蔡素珠本來和先生計畫要移民加拿大，又想說去加拿大沒有事情做。她跟先生說：「教聯會有很多事情我想去做！」她參加慈少班和退休老師成長班，時常和一群老姊妹聚在一起，每週到戒治所去和同學互動。

戒治所分戒一和戒二，戒一就是現在的法務部矯正署戒治所，同學們在裏面戒毒很辛苦，發作的時候，會哭、會難過，眼淚、鼻涕一直流，蔡素珠通常會拍拍他們的肩膀：「不舒服嗎？有沒有吃藥啊？下次不要這樣子喔！」或問：「要不要喝水？」「加油！加油！」諸如此類鼓勵的話。

她認爲，既然進去了，就該靠近與他們互動，不必說教、說什麼規矩，也不要隨便給他們東西，關心他們就對了！

有時候，同學看到她手上的念珠，會想要。蔡素珠便向他們說明念珠的來源，「是因爲我們認眞做慈濟，發心幫助別人，所以這串念珠是證嚴法師贈送的，假如你想要的話，以後出來，歡迎你到慈濟，我們有環保、訪貧，你可以加入我們的行列，一起做志工。」

同學們在戒一戒毒四十五天，通過了，就可以回家。有的過不了關，蔡素珠只能安慰他們說：「沒有通過嗎？」

「對啊，沒有通過！」有些同學心裏很難過，沒有心情上課，趴在桌上寫字，寫信給太太、給家人。

有一回，蔡素珠看到一位同學在哭。「你怎麼了？」他將信給蔡素珠看，是兒子用注音符號寫信來：「爸爸，你不要我們了嗎？媽媽也不要我了，那我怎麼辦？你要不要回來了啊？」他反覆看著，邊看邊哭。

蔡素珠問他：「那你怎麼辦？」

「我也沒有辦法！」

「沒有關係，菩薩會保佑你，你就默念菩薩，寫信跟太太講，叫她在你勒戒這段期間，幫忙照顧孩子！」

「好好好，我會寫！」

在第二勒戒所的同學通常年紀比較大，有的要關七、八年，甚至是無期徒刑，有的患有白內障、糖尿病，有的才二十幾歲。

雖然所方會給他們藥吃，希望他們戒掉，不要再回歸，可是每次去，還是看到許多熟面孔。「你不是答應我，一出去就不會再回來了？怎麼又回籠？」蔡素珠把同學當成自己的孫子、家人一樣關心，同學也會想念這位「阿嬤」。

蔡素珠習慣隨身帶著薄荷油，曾經有一位同學感冒得很厲害，看到她手上有薄荷油，就說：「可以幫我擦在紙上面嗎？」當他拿起衛生紙來聞，臉上露出歡喜和滿足的表情，蔡素珠眼眶裏含著淚水，深怕同學看到。

「這麼一瓶普通的薄荷油，是我們在外面唾手可得的東西，可是在這裏，卻是如此稀奇。但願孩子在這裏能夠體會出道理，以後出去，懂得珍惜擁有的幸福，不再胡作非爲，回歸正常的生活。」

蔡素珠有糖尿病，後來又罹患乳癌，有一次她大概兩、三個星期沒有去，同學們一直問楊淑英老師：「阿嬤怎麼沒有來？」

楊淑英回去告訴蔡素珠：「他們都在想念你，你還不去？」

「好，我就去給他們看一看！」

裏面的長官也說：「您眞的對他們很好！難怪您的『孫子們』一直在念說那個阿嬤怎麼都沒有來？」

蔡素珠將同學當成自己的親人，進去就是想幫助他們，而不是要教育他們。就像一家人、像媽媽一樣地關心。她認爲這是戒治所給老師與同學結下好緣的機會，雖然剛開始家人很反對，但是她仍然相信點點滴滴撒下的善種子，遲早一定會發芽。特別是教聯會老師們在與同學互動時，發覺他們感受很多，蔡素珠說：「沒有期待時，反而得到更多！」

證嚴法師常常對老師們說：「要以媽媽的心來愛別人的孩子，以菩薩的智慧愛自己的孩子。」蔡素珠覺得這群暫時偏離軌道的同學，是因爲不小心交到壞朋友，才會走入歧途，但是內心是很善良的。

老師們總是忘了自己的年紀，與他們玩在一起，有的唱歌，有的比手語、說故事，孩子的心都開了，「我在那邊耍寶，他們就很高興，上人一直告訴我們，付出還要感恩，我們眞的要非常感恩，我們不是在付出，而是在成長，從他們的身上可以學到很多，看到他們，我們要很感恩自己家中的孩子如此乖巧，才能有心力去愛別人家的孩子。」

這群退休老師爲著同一個目標在努力，言語向善、正向。蔡素珠曾經問過一位退休的同事：「你退休後旅遊過三十幾個國家，記得了什麼沒有？」

對方說：「沒有！覺得很累！」蔡素珠雖然是幼稚園的老師，沒有高額的退休俸，但是她善加利用可用之身，發揮良能，利益社會。

不厭其煩，只盼早回頭——李昌美

正當報章媒體報導，公教人員不滿政府縮減退休金額度，而走上街頭時，李昌美老師雖然心裏也有少許的抱怨，然而她心念一轉，想起一位不久前因癌症往生的同事，生前對她說過的話：「我當年若跟你進入慈濟就好了，看到你現在可以身體勇健地去幫助他人，而我卻病懨懨躺在這裏。」

這位是和她同時退休的老師，後來得了乳癌，之後轉爲大腸癌，李昌美在臺中慈濟醫院的癌症關懷中心服務，曾陪伴她三年，直到她倒下去的那一天。

人家常說，「往生前所說的話最眞誠。」這位老師向李昌美透露心聲：「當時我沒有把握機會去付出，把時間都花在遊山玩水，現在想付出也沒機會了，而你一點也沒有空過時日。」

每當李昌美情緒低潮時，就會想到那位老師躺在病床上的模樣。她也常以這位老師爲例，鼓勵其他的老師：「能做的就要趕快，不做，那些時間就枉費了，倒在病床不能做時，眞的是無能爲力了！」所以，她認爲應該好好把握時間，拓展生活空間，在人與人之間結好因緣。

有一回，她聽到慈濟全球志工總督導黃思賢在臺上講：「我們要感恩過去生的自己，把劇本編得很好，今世才能過著豐衣足食的生活。」

「是的，當有人爲有一餐沒一餐而操心時，我卻能坐在這裏聽分享，平常還有餘力、時間去做志工，不必爲三餐或因身體病痛而煩惱。」李昌美的原生家庭，爸爸是校長，媽媽是望族千金，她常常在想：「我的環境這麼好，與我同年齡的其他人，不見得能夠有這麼好的環境受教育，我可以讀到大學實在是不容易，要很感恩過去生的我。」

先生去菲律賓教書，所得的薪資比當地的校長還高出一倍多，移民到紐西蘭時，看到當地人民的生活又比臺灣好得太多，李昌美體會到：「比上不足，比下有餘」，更應該好好利用健康的身體，好好修持，才不辜負難得的人身。

證嚴法師也常對老師們說，一定要好好把握人身，好好保護生命，拓寬慧命，「雖然生命的長短，我們沒有辦法把握，但是可以開拓寬度與深度。」藉著戒治所和看守所關懷的平臺，李昌美更珍惜身上穿的慈濟制服，感恩所內的長官、同學，因爲她是慈濟人，才有因緣進到所裏與同學結下善緣，這是爲自己，也爲同學的來生來世在鋪路。

這一群退休老師，平均七十幾歲，十年來與李昌美用愛與關懷在戒治所、看守所經營，她們不一定有特殊的專長，只知道放下身段，或唱、或跳，吳秀玉老師說：「去那邊，看到他們年紀很大的，很難過，見到年紀很輕的更難過，這個年紀不應該來的，他們爲什麼來這邊被關？」

答案不重要，重要的是想盡各種方法，看能如何幫助他們，出去就不要再回來了。她常對同學說：「你們趕快出去，但是一定不要再回來！」老師們唱〈媽媽請你也保重〉、〈浪子的心情〉、〈愛拚才會贏〉之類的歌曲，就是想引導他們振作，不要一直走這一條不歸路。

雖然明知道成功機率很少，每次離開，老師們依然會不厭其煩地重複說：「加油！趕快出來，不要再進來了！」

八十三歲的吳秀美老師，也以爲戒治所的同學應該是四、五十歲或二、三十歲，沒想到二十歲以下的年齡層占了百分之二十以上。經了解，發現家庭的結構、生活教育和家庭教育都是關鍵，這一群年輕學子，通常生活在父母離異、隔代教養的環境下，得不到家人的關心，自然而然就會尋求其他管道，再來是社會誘惑太多，一旦把持不住，很快就會誤入毒窟，走不了回頭路。

老師們與同學間的約定始終不變，這一分長情大愛，如地藏王菩薩的悲心，在監所大門前把關，相信蟄伏在水泥地裏的種子，終有一天會撐開地面，冒出芽點，迎向陽光。

說說唱唱，療心喚眞情——楊淑英

十年前，第一次踏入戒治所，一群如阿嬤年紀的教聯會老師，像新生要初見老師，膽怯、害怕、倉皇，不知如何是好？唯一能做的，就是拿出無聲的肢體語言——手語和音樂來壯膽。

嬌小的楊淑英老師一直扮演帶動的角色，她愛手語、愛唱歌，剛開始不知道選什麼歌好？想到同學們被限制行動自由，心志無法伸展，一定很想家，這時，〈愛拚才會贏〉、〈感謝天、感謝地〉浮上她的心頭，尤其慈濟志工柯國壽到所內分享時，最喜歡唱〈媽媽，請你也保重〉，這首歌每次唱同學必流淚，有時候老師們也跟著噙著淚水。

她說：「每位同學在裏面，就像一個大孩子，難免會想到疼他們、愛他們的母親，我們啓發他們的孝心，對於將來的改變多少有幫助。」

不只是說說唱唱，唱歌之餘，也讓同學上臺分享對母親的感恩情懷。提醒他們寫信給母親，問個安，如果再能向父母說懺悔，願意改過的話，父母定會比收到實質的禮物還來得歡欣。

戒治所，每兩週換一批新人進來，也有舊人，有的人才出去，沒幾天又進來了。〈浪子的心情〉是他們的心情寫照。出身黑道家庭的慈濟人洪武正，常到戒治所關懷、分享，楊淑英總會搭配來者的身分與演講內容，帶動適合的歌曲。

一首好歌，可以療癒身心的創傷；一句好話，能夠拉回迷失的眞心。楊淑英手上總是握著一疊「靜思語」書籤，當年在國中教學時，學生畢恭畢敬，老師教導什麼，學生言聽計從，她把這些同學當作十幾年前學校的學生，「靜思語」是智慧，老師給的是愛，愛與智慧濃融相繫，化成一股力量，與惡的一端拔河，她相信，總會拔贏的。

互動久了，同學免不了會在楊淑英面前抱怨：「我媽媽都沒來看我！」楊淑英告訴他：「我說一個故事給你聽，以前有一位媽媽，因為孩子被關，她想去看他，可是沒有錢，路途遙遠，她用走路去，鞋子穿破了，腳也磨損了，沒有錢吃飯，一路這樣餓著肚子……你的媽媽也許有她的難處，要工作，可能因為路途遙遠，她若有經濟壓力，來看你，不能給你多餘的錢，或帶什麼好吃的……所以說，你在這裏就當作修行，修行功課做好，出去了，表現給媽媽看，她一定會很高興的！」

以年紀來說，這群老師當中最年輕的是楊淑英，但也七十一歲了，在颳風下雨的天氣，老人家在外奔波總是危險。有一次，風雨眞的太大了，老師們向負責聯絡的楊淑英央求說：「今天的天氣眞的太糟糕了，太危險了，我們不要去好不好？」

那天，李昌美老師剛好有事無法前往，楊淑英卻堅持：「不行啦！

你們不去，我一定要去，答應同學了，不能讓他們等！」她回過頭打電話給柯國壽：「你一定要來喔，要不然會只有我一個人！」就這樣，總算沒有讓戒治所有停課的紀錄。

楊淑英除了帶動手語，也負責聯絡老師們，以及每週一次的活動排程和聯繫工作，是什麼樣的力量促使她有這分耐性呢？她說這分力量，是來自同學。楊淑英帶動手語，會找機會告訴他們：「各位同學，我們下回活動時，需要十位同學上臺表演喔，有意願的趕快舉手！」

如果是懇親會，同學在臺上表演，家屬看到了，心中也會有榮譽感，此時楊淑英會再補充一句：「你們在舍房要表現好一點，下次比手語才不會被換掉喔！」每個人都需要鼓勵，犯錯的人一部分原因是沒有受到肯定，缺愛、沒有被社會接受。

楊淑英覺得老師們這股愛的力量，是同學們極大的營養針，營養夠了，信心足了，走出這個大門，自然而然有判斷力走正確的路，這就是愛的力量。她和老師們，再怎麼辛苦、無論什麼樣的困難，一定會走下去。

大小角色不重要，有你有我——白照碧

一顆小小的螺絲釘，當它掉了，沒有發揮力量的時候，主體就會鬆動搖晃。白照碧不在乎自己是小角色，付出得到快樂就是最大的回饋。

二〇〇八年跟著李昌美走入臺中戒治所，看著老、中、少同學，有的人身上、腿上和手臂各刺有不同顏色圖騰的那一瞬間，她深深感受到證嚴法師淨化人心的迫切。

進到戒治所，白照碧雙眼飛快地觀察同學們的眼神、一舉一動。有同學感覺很能適應環境，可能是進出不只一次；有的一臉鬱悶、緊皺眉頭，好像被冤枉似的。教聯會老師們用歌聲、手語、證嚴法師開示，讓同學們緩和心情，安心戒毒。

每個人都有家庭，也有七情六欲，白照碧很心疼，戒治所裏年長的

似乎與自己年齡不相上下，青年人足以當她的孩子，小的都可以叫她奶奶，如今被強制在高牆內，對親人的歉疚可想而知。

「佩服昌美帶頭做這一件事，眞的很需要，很值得做！」白照碧感觸社會眞的病了，「人心不安，價值混亂，矛盾紛爭，爭鬥不斷，要淨化人心，唯有調整人的心性，往善的方向。」

與同學們互動一次、兩次，慈濟老師們慈眉悅色講話柔和，用媽媽愛孩子的那分耐心和細心鼓勵他們。對同學們來說，每星期進去一次，「其實他們都很期待時間能拉長」，每到課程尾聲，同學們接二連三，分享出內心的話，紓解心裏的苦，無不讓人感到惋惜和心酸。

從學校的小教室轉入大社會中的戒治所，白照碧將教學的熱誠帶到所內。七十六歲的她一路不曾離開教育，「把愛帶給別人，希望進而改變思想和觀念，不再重蹈覆轍，就是我們一起耕耘的目的。」

「早已將它當作生活中的一部分。」清晨五、六點起床，梳洗後整理好服裝儀容，白照碧靠著徒步及公車到達集合定點，再與其他老師們共乘前往。

曾經因爲趕不及，一個人搭公車到戒治所，也讓其他人替她擔心和等待，因此想要放棄，不造成大家的困擾。然而，又想到當初彼此有志一同，發心立願，而繼續前往……

「上人說，對的事，做就對了。」很簡單的一句話，要做到卻不容易。白照碧不忘教誨，也不再打退堂鼓，「只問自己，今天的角色有沒有扮演好？」奉獻無私的大愛，不求回報深植內心。

水月系列007

人生青紅燈

作　　者／張麗雲（主筆）、李　玲、林淑懷、蘇玉珍、張美齡
洪素養、黃玉櫻、賴秀緞、洪素琴（採訪整理）
攝　　影／洪素琴、陳鎭嘉、陳榮豐、陳錦竹、彭東整、留榮松
邱百豊、顏霖沼

創 辦 人／釋證嚴
發 行 人／王端正
總 編 輯／王慧萍
主　　編／陳玫君
企畫編輯／邱淑絹
特約編輯／吟詩賦
編　　輯／涂慶鐘
校對志工／張勝美、簡素珠
美術設計／洪季伶

出 版 者／慈濟傳播人文志業基金會
慈濟期刊部
地　　址／11259 臺北市北投區立德路 2 號
編輯部電話／02-28989000 分機 2065
客服專線／02-28989991
傳眞專線／02-28989993
劃撥帳號／19924552　戶名／經典雜誌
製版印刷／新豪華製版印刷股份有限公司
經 銷 商／聯合發行股份有限公司
23145 新北市新店區寶橋路 235 巷 6 弄 6 號 2 樓
電　　話／02-29178022
出版日期／2018 年 9 月初版一刷
定　　價／新臺幣 250 元

國家圖書館出版品預行編目 (CIP) 資料

人生青紅燈／張麗雲等作；王慧萍總編輯 — 初版．
— 臺北市：慈濟傳播人文志業基金會，2018.09
366 面；15×21 公分 —（水月系列；7）
ISBN 978-986-5726-59-1（平裝）
1. 佛教修持　2. 受刑人
225.87　　107016608